韓国エンタメはなぜ世界で成功したのか

菅野朋子

文春新書

1347

まえがき

　ソウルの金融街・汝矣島《ヨイド》にある韓国取引所（証券取引市場）近くの、とあるトッポキ（韓国の棒状の餅に野菜などを加え甘辛く煮た料理）店。外壁も、内壁もすべて「ＢＴＳ」のメンバーの写真で埋め尽くされているこの店には、ビジネスマンに混じってＢＴＳのファンが続々と訪れる。

「ＡＲＭＹ（ＢＴＳのファンの集まりの名称）も来てくれる」、「店の売り上げにもつながる」と、ＢＴＳファンの女性スタッフが、当時はＢＴＳを知らなかった店主を説得して一枚一枚写真を飾っているうちに、いつの間にかすべての壁がＢＴＳの写真で埋まってしまったという。

　彼女がＢＴＳと出会ったのは二〇一七年。ライブでＢＴＳのパフォーマンスを見た瞬間、あっという間にファンになった。

「バンタン（防弾少年団《バンタンソニョンダン》の略。＝ＢＴＳ）は特別出演でしたが、完全に主役を超えていました。とにかくパフォーマンスが素晴らしすぎる。どう表現すればいいのか分かりませんが、本人たちが楽しそうで、自由で、細やかな動きまでアーティスト。それにいつも一生懸命なのです。ファンになってからは過去のYouTubeの動画も全部見ました。デビューからしばらくは売れなくて苦労していたことも知らなくて、ここまで来るのにどれだけ努力したかに思いが至って、ますます引き込まれました。

　それでも、まさか、ビルボードで一位になるなんて思ってもいませんでした。うれしいというか、誇らしいといったほうがいいのかな。ただ、最近では、韓国のテレビにも出ないし、どんどん遠い存在になっていくような寂しさもあるし、Ｋ‐ＰＯＰが持つ昔の力強いパフォーマンスもやってほしいなあなんて思ったりもします。贅沢ですかね」

　音楽やドラマの世界で今、韓国エンタメのニュースを聞かない日はない。

　直近でも、『イカゲーム』や『地獄が呼んでいる』といった動画配信サービスNetflixのドラマの世界席巻が報じられるなど、韓国エンタメのトピックは枚挙にいとまがない。

　以前からの「韓流」エンタメファンはさておいて、日本で広く「韓流」のグローバルパワーが意識されたのは、二〇二〇年からだろう。

　この年のはじめ、韓国映画『パラサイト　半地下の家族』がカンヌ国際映画祭パルムドール（最高賞）に続き、アカデミー賞四冠を達成した。新型コロナウイルスが猛威を振るい、家庭での巣ごもり生活を余儀なくされるなか、Netflixの韓国ドラマ『愛の不時着』が空前の大ヒットとなった。そして、七人組ボーイズグループ、ＢＴＳの「Dynamite」が、アメリカのビルボードのメインチャート「ＨＯＴ１００」で一位を獲得。これは一九六三年に坂本九の「ＳＵＫＩＹＡＫＩ（上を向いて歩こう）」が一位になって以来、アジア人非英語圏アーティストとしては実に五七年ぶりの快挙で、どの話題も、日本でも大きく報じられた。

　こうしたニュースと並行して、Ｋ－ＰＯＰ初の日本人ガールズグループ「NiziU（ニジュー）」選抜のオーディション番組が民放などで放映され、総合プロデューサー、J.Y.Park（パク・ジニョン）が厳しいハードルに挑戦し苦しむアイドル候補生にかける言葉が、少女たち、そしてビジネスマンの心まで打った。

「韓流」はいったいいつからこれほどパワフルになったのか、どうして「韓流」は世界を席巻できたのか——。

日本人の知り合いからこんなことを訊かれるようになったのはこの頃からだ。それも、それまでは韓流に関心がなかったり、敬遠していたような人ばかりだった。

一九九〇年代後半、日本のエンタメが好きな韓国の若者たちを取材した。九五年から一年間、筆者が韓国へ語学留学をしていた当時、まだ日本の大衆文化は韓国では禁止されていて、日本の音楽や映画は、表向きには輸入してはいけない商品だった。にもかかわらず、ソウルの路上の屋台に置かれたラジカセからは長渕剛の「とんぼ」がすさまじいボリュームで流れていた。いったいどうなっているのだろう？　そんな素朴な疑問から始めた取材だった。

当時の政府の規制をかいくぐり、ジャニーズファンの韓国の若者たちは、カフェを借り切って「V6」や「嵐」のビデオ上映会を開いていた。ビデオは彼女たちが知り合った日本のジャニーズファンが送ってくれたものだった。日本の映画を専門に上映するカフェもあって、当時の韓国の若者たちにとって日本のエンタメは先を行く「イケてる」ものだった。

「安室奈美恵はすばらしい」

韓国人の記者にこんなことを言われたのは、二〇〇四年のことだ。日本では、韓国ドラマ『冬のソナタ』が大ヒットし、主演のペ・ヨンジュン人気が急上昇し、「ヨン様」ブームが始まった頃で、のちに第一次韓流ブームといわれるようになった年だ。

移り住んだ韓国で、ヨン様の取材のために韓国の芸能記者に会った際、あれだけ激しいダンスを踊っても歌も完璧だと、安室奈美恵のことを嫌みでもなく大真面目に記者は大絶賛し、韓国の歌手はまだまだ彼女には及ばないと嘆いていた。

それから二〇年近くたった。

今、世界の舞台でその名を高めているのは韓国エンタメだ。

この二〇年の間、韓国エンタメは劇的に、目まぐるしく、大きな変貌を遂げて、さらに今も刻々と変化しようとしている。

韓国エンタメ産業の変貌は、多少の不都合に目をつぶってでも、短期間に成長するために効率を最優先して発展を目指す、いわゆる〝圧縮成長〟の韓国社会の変化とダイレクトにリンクしていて、韓国エンタメの動きを追うと自ずと韓国社会のその時の動きが見えてくる。

韓国社会は、軍事政権下の民主化運動や、一九九七年の経済危機（ＩＭＦショック）で起きた産業構造の転換、世界的なデジタル社会への変貌などに適応しようとすることで変わってきた。このデジタル化については、「これ（世界での「韓流」ブーム）は、SNSがくれた韓国への贈り物」（『韓流の歴史』カン・ジュンマン）という指摘もある。韓国エンタメ産業は、動画サイトやソーシャル・ネットワーキング・サービス（SNS）などネットサービスの登場と普及で大きく変化してきた。

本書の第一章から第五章までは、韓国エンタメ産業の歴史を追った。K-POPやドラマ、映画など韓国エンタメ産業が、韓国全体を巻き込んだ時代の変化のなかで、その戦略をどう変えていったのか、ターニングポイントとなった出来事やキーマンとなった人物などを盛り込んで紹介したい。

一大産業にまでなったエンタメ産業だったが、その急激な成長のなかで前近代的な価値観がとり残されたことで、大きな歪みも生じていた。二〇一九年という年には、韓国エンタメ史に残るだろうスキャンダル事件が幾つも噴き出し、スターが自ら死を選択するなど痛ましい出来事も相次いだ。第六章と第七章では、そうしたスキャンダル報道の幾つかを通して、成功者としてアンタッチャブルな存在になっていた韓流スターや、日本でも人気だったK-POPアイドルが自ら命を絶った背景について触れた。

またグローバルスターとなった韓流スターは、国内政治はもとより、国際政治上の影響力を持つまでになった。彼らの発言や行動が、本人たちの意図から離れて海外で政治的な対立を引き起こす事件も起きている。第八章では、そうした事件の背後にあったものに目を向けた。

そして本書の最終章では、かつての韓国では警戒感を抱きつつも「憧れ」をもって語られていた日本のエンタメコンテンツが、今の韓国でどう受け止められているのかをレポートする。

本書で取り上げた事件は、ウェブニュースサイト「文春オンライン」で二〇一七年から掲載している記事の中から、韓国エンタメ界の出来事や事件を扱ったもののうち、韓国社会を映し出している象徴的なものを選んだ。いずれも再構成の上、大幅に加筆している。

また引用する書籍や記事について、特に断りのあるものを除き、韓国語より筆者が訳している。

なお、アーティストの敬称は略していることをお断りしておく。

韓国エンタメはなぜ世界で成功したのか◎目次

第一章　「グローバル韓流」のはじまり

ＨＹＢＥ社の上場

韓国のエンタテインメント企業が、韓国の財閥グループ企業などの大手企業と肩を並べるに至った象徴的な日を選ぶとすれば、それは二〇二〇年一〇月一五日だろう。

この日、韓国の音楽事務所「Big Hit エンタテインメント（当時。現ＨＹＢＥ〔ハイブ〕、以下ＨＹＢＥ社）」が、韓国取引所のメイン市場「ＫＯＳＰＩ」に上場した。ＫＯＳＰＩはサムスン電子や現代自動車など韓国の名だたる財閥系企業が上場している日本の東証一部に当たる株式市場だ。

それまで韓国の音楽事務所といえば、ＳＭエンタテインメント（ＳＭ社）、ＹＧエンタテインメント（ＹＧ社）、ＪＹＰエンタテインメント（ＪＹＰ社）が三大事務所としてまず名前が挙がった。

日本でも知られているアーティストでいえば、ＳＭ社は「ＢｏＡ」や「東方神起」、ガールズグループ「少女時代」、ボーイズグループ「ＥＸＯ」など。ＹＧ社は、男性ヒップホップグループ「ＢＩＧＢＡＮＧ」やガールズグループ「ＢＬＡＣＫＰＩＮＫ」が代表的だろう。そしてＪＹＰ社は、ボーイズグループ「２ＰＭ」や多国籍ガールズグループの「ＴＷＩＣＥ」、「NiziU」らが所属している。

この三社は、いずれも新興企業などを扱うＫＯＳＤＡＱ（日本のＪＡＳＤＡＱに相当）に上場している。ＨＹＢＥ社のような音楽事務所がＫＯＳＰＩに上場するのは、韓国株式史上初めてのことだった。

三大事務所に比べて、ＨＹＢＥ社は少し前まで無数の弱小事務所のひとつに過ぎなかった。そんな同社の劇的な成長は、所属するアーティストである「ＢＴＳ」の存在抜きには語れない。

アメリカで人気を得たＢＴＳ

グローバルスターとなったＢＴＳが、ファン以外にも日本で広く知られるようになったのは、二〇二〇年八月、「Dynamite」で韓国人アーティストとして初めてアメリカのビルボードのＨＯＴ１００（シングル）で一位を獲得してからだろう。

ビルボードは世界の音楽人気チャートの中でもっとも権威があるチャート。ジャンル別、専門別など複数あるビルボードチャートの中で、ＨＯＴ１００はメインチャートだ。非英語圏のアーティストでは一九六三年の坂本九の「ＳＵＫＩＹＡＫＩ（上を向いて歩こう）」以来、五七年ぶりの一位獲得の快挙となり、日本のメディアでも大きく取り上げられた。

二〇一三年にデビューしたＢＴＳの名前がアメリカで登場したのは、一四年のことだ。韓国でもまだ人気が本格的ではなかった当時、ＢＴＳのアルバムがビルボードの「ワールドアルバムチャート」で三位にまで上がった。このチャートは、アメリカ国内で販売される海外アーティストのアルバムが対象になっている。その後、一六年にビルボードチャート２００（アルバム）に登場すると、アメリカ市場での人気は広がっていく。

翌一七年五月には、一年間の楽曲の売り上げやネット上のミュージックビデオの再生数、ファン投票などのデータを集計して決める「ビルボード・ミュージック・アワード」で、「トップ・ソーシャル・アーティスト」部門賞を受賞。同賞はインターネット上、ことにＳＮＳなどソーシャルメディアの影響力の大きさが主に問われるもので、同部門賞が創設されて以来六年にわたって、グローバルスター、ジャスティン・ビーバーがトップを占め続けてきていた。この一七年以来、二一年現在までＢＴＳは同賞を独占し続けている。

二〇一七年一一月には「アメリカン・ミュージック・アワード（ＡＭＡ）」でも、ソーシャル部門のトップに立ち、アメリカの人気トークショー番組「エレンの部屋」や「ジミー・キンメル・ライブ！」に立て続けに出演した。

その後の楽曲も次々とチャートランクインを決めて、世界的な人気を確かなものとしたＢＴＳは、二〇一九年六月にはイギリスのロンドン北西部にある「ウェンブリー・スタジアム」でライブコンサートを開催、二日間でおよそ一二万人の観客を動員した。

ここは、一九八五年、「アフリカ難民救済　一億人の飢餓を救う」というスローガンのもと、二〇世紀最大のチャリティコンサート「ＬＩＶＥ ＡＩＤ（ライブ・エイド）」が開かれた伝説の場所として、世界のアーティストの憧れの舞台ともされる地だ。

ＢＢＣはＢＴＳを「21世紀のビートルズ」とまで報じ、ＢＴＳはもはやＫ-ＰＯＰアーティストという枠では語れない存在にまでなっていた。

急激な株価上昇

そんなＢＴＳが所属するＨＹＢＥ社のＫＯＳＰＩ上場だけに、注目が集まらないわけがない。メディアや証券市場関係者は、上場前からＨＹＢＥ社がどのぐらい高値をつけるのかと盛り上がっていたが、市場が開くと始値は公募価格一三万五〇〇〇ウォン（一ウォン＝〇・一円として、一万三五〇〇円）の二倍の二七万ウォンをつけた。これは始値の制限上限値（公募価格の二倍）で、韓国メディアは「タサン」なるかと興奮ぎみに報じていた。「タサン」とは、ダブルと上限価格の頭文字をとったもので、上場で公募価格の二倍の株価ではじまり、さらにストップ高まで上がるという意味の韓国証券界の造語だ。

取引に参加した人たちは熱狂して株価を押し上げ一時的なバブルの様相を呈した。開始一時間後には三五万一〇〇〇ウォンを打ち、同社の時価総額はその時点で、八兆八一六九億ウォンにまで膨らんだ。

直後に一時の熱狂ははじけ、株価は下落したが、その時でもＨＹＢＥ社の時価総額は、ＳＭ、ＹＧ、ＪＹＰという大手事務所の時価総額を合わせた額をはるかに超えていた。

その後株価は回復し、ＢＴＳの活躍もあり堅調に推移している。

この上場により、ＨＹＢＥ社の創業者、パン・シヒョクＣＥＯ（最高経営責任者）は、四〇代後半で〝株式富豪〟の仲間入りをしたとメディアは持て囃した。

韓国には「財閥ドットコム」という財閥や資産家の動向をウォッチするサイトがある。

同サイトでは、ＫＯＳＰＩ上場企業の中で保有株式価値が一兆ウォンを超える株式保有者ランキングを作成している。このランキングのトップ一〇には、不動の一位を占めていたサムスングループのイ・ゴンヒ会長（二〇二〇年他界）をはじめとして、サムスンや現代グループなどの財閥、「カカオトーク」などのＩＴ関連企業のＣＥＯたちがずらりと並ぶ。パン氏はその日、このランキングでいきなり六位に登場した。

　パン氏はＨＹＢＥ社の株を、幹部社員だけでなくＢＴＳの七人のメンバーにも分けていた。メンバーひとりあたり六万八〇〇〇株あまりで、評価額は上場前の段階で約八億円相当だった。所属アーティストにまでストックオプションを与えることも、Ｋ－ＰＯＰ史上初めてのことだった。

HYBE社のKOSPI上場。中央がパン・シヒョク氏（2020年、代表撮影／ロイター／アフロ）

※

韓国音楽事務所のＫＯＳＰＩ上場は、ＢＴＳ以前はほぼ無名の事務所だったＨＹＢＥ社にとって、創業一五年で韓国最大手の音楽事務所へと躍り出た瞬間だった。そしてそれ以上に、エンタメ産業が韓国の主要産業の仲間入りをしたひとつの象徴的な出来事となった。

韓国のコンテンツ産業（音楽、映画、ゲームなど）は現在、韓国全体の輸出（二〇二〇年度は約五一二五億ドル）のおよそ二％（同約一〇八億ドル）を占めており、これは韓国が成長産業として後押ししているバイオ・ヘルス産業（同約一四一億ドル。全体の約二・七％）に迫る規模だ（二〇二一年、韓国貿易協会、韓国国際文化交流振興院、産業通商資源部資料により算出）。

韓国のエンタメ産業がここまでの発展を遂げるまでにはいくつかのターニングポイントがあったといわれている。いずれも韓国社会の変化と密接につながっており、大まかに分けると、

（１）一九八〇年代末の韓国の民主化による「表現の自由」の獲得
（２）一九九七年のＩＭＦショックによる韓国の産業構造の転換
（３）世界のデジタル社会化

の三つになるだろう。そこに、分野によっては政府によるエンタメ産業の環境作り、裾野作りという後方支援を入れてもいいかもしれない。

次節から歴史を振り返りつつ、ひとつひとつ見ていきたい。

韓国の民主化が音楽シーンにも波及

一九八〇～九〇年代、韓国はまさしく「激動の時代」だった。

一九六一年の軍事クーデターから、八〇年代に至るまで韓国はずっと軍事政権の統治する国だった。軍事クーデターにより大統領になった朴正熙《パクチョンヒ》が一九七九年一〇月に暗殺されると、一二月には陸軍司令官だった全斗煥《チョンドゥファン》がクーデターを起こし軍の実権を掌握。翌八〇年九月に新しい大統領に就任した。

しかし、朴大統領暗殺事件後、民主化を求める運動はさらに激しくなった。一九八〇年五月一八日には軍事政権に抗議した学生や市民、一五〇人以上が軍の鎮圧により死亡する「光州事件」が起きた。そこから勢いを増した韓国の民主化運動は、八〇年代を通して盛り上がりを見せ、ついには八七年六月、盧泰愚《ノテウ》次期大統領候補によって、「民主化宣言」

が発表された。これにより長い韓国の軍事政権時代は終わり、この時から韓国では大統領選挙は直接選挙となった。

この民主化運動からはじまった旧い価値観を打ち破るエネルギーは「表現の自由」をもたらし、韓国の音楽シーンにも大きな影響を及ぼした。

韓国の音楽シーンは、一九九二年にデビューした三人組のヒップホップダンスグループ「ソ・テジ・ワ・アイドゥル（ソ・テジと仲間たち）」の前と後で大きく分かれるといわれている。

それまでチョー・ヨンピルの「釜《プ》山《サン》港へ帰れ」（一九七六年）など、日本の演歌に通じる伝統的な大衆歌謡曲（トロット）やバラードなどが主流だった韓国に、ソ・テジ・ワ・アイドゥルはアメリカのラップとダンスを持ち込み、新しい音楽の地平を開いたといわれた。

彼らが爆発的な人気を得たきっかけは九二年、芸能番組「スクープ！　テレビ芸能」（ＭＢＣ局）への出演を果たしたことだった。新人アーティストのパフォーマンスを審査員たちが評価するコーナーに登場したが、それまでの音楽を基準とする審査員たちからは最低点をつけられた。ところが当時の一〇代の若者たちが熱狂した。ソ・テジ・ワ・アイドウルはリリースするアルバムを一〇〇万から二〇〇万枚以上売り上げる大スターとなった。しかし九六年一月、ボーカルのソ・テジが突然引退を表明し、ソ・テジ・ワ・アイドゥルは解散してしまう。このきっかけのひとつになったといわれたのが、楽曲の「事前審査制度」だった。

デビュー当時のソ・テジ・ワ・アイドゥル。中央がソ・テジ。右は後にYG社を創業するヤン・ヒョンソク氏（Sports Chosun／アフロ）

　これは軍事政権が反政府的、反社会的な内容の作品をチェックしていた時代の名残で、政府が発売前の楽曲の歌詞を検閲する制度だった。北朝鮮をかつてあった渤海《ぼっかい》国にたとえて歌う「渤海を夢見て」など、社会的メッセージを歌詞に込めていたソ・テジは、この検閲制度の格好の標的となる。九五年には、当時の既存世代を皮肉った「時代遺憾」などが政府の「公演倫理委員会」の審議の結果、歌うことを禁止され、アルバムには歌詞なしで収録された。

　この数年前、歌手のジョン・テチュンが検閲廃止訴訟を憲法裁判所で起こしていたが、検閲問題にソ・テジが巻き込まれたことで、彼のファンを中心に制度廃止を求める声が高まることになる。九六年六月、検閲制度は憲法違反とされ廃止された。映画にも同じ制度があったが、こちらも同年違憲と判断され廃止されている。

それでも一九九〇年代の韓国のエンタメ界には、いまだ多くの自主規制が存在していた。テレビ局では、歌手が出演する際には、サングラスの着用禁止、金髪の禁止などさまざまな規制があった。韓国社会の保守的な価値観も根強く、一九九六年、韓国で初のマイケル・ジャクソンのコンサートがあった際には、「青少年に悪影響を与える」などと反対する市民団体が数十にものぼり、一八歳以下の参加禁止を条件に開催されている。

マイケル・ジャクソンのコンサートが開かれた九六年は、もうひとつ韓国にとって大きな出来事があった。この年、二〇〇二年のサッカーワールドカップ日韓共同開催が決定したのだ。当時、韓国に語学留学をしていた筆者は、韓国の友人とラジオでこの報をたまたま聞いていた。彼らの興奮は大きなもので、「先進国・日本と共催できることになった」とラジオのアナウンサーも感激を抑えられず震える声で語っていたことを覚えている。

一九九〇年代、韓国の経済は発展し続けていた。日本とのワールドカップの共催は、韓国が日本と肩を並べるところまで来たという象徴的な出来事でもあったのだ。そうしたなかで、韓国エンタメ界は、民主化運動の成功を経験してさらに自由を求める若者たちの声をバックにして、韓国社会に残る保守的な規制をひとつひとつ乗り越えようとしていた。

三大音楽事務所の誕生

こうした時代背景のなかで、新たな音楽シーンを作る、新しいスタイルの音楽事務所が求められるようになった。九〇年代半ばから二〇〇〇年代にかけて、ＳＭ社、ＹＧ社、ＪＹＰ社といった、現在世界的なＫ-ＰＯＰの人気アーティストたちを多数抱える大手音楽事務所が次々と設立されていく。

ＳＭ社は、アメリカに留学し、同地のエンタメシーンを見てきたイ・スマン氏が一九八九年に個人事務所「ＳＭ企画」を立ち上げた後、一九九五年に法人としてスタートした。同社は、五人組ボーイズグループ「Ｈ．Ｏ．Ｔ．」をプロデュースし、韓国に「アイドル」という存在を持ち込んだ事務所として知られている。九六年にデビューしたＨ．Ｏ．Ｔ．は、韓国のみならず中国でもたいへんな人気となり、「韓流」という言葉を生み出すきっかけのひとつとなった。Ｈ．Ｏ．Ｔ．は、韓国の第一アイドル世代と呼ばれている。その後三人組のガールズグループ「Ｓ．Ｅ．Ｓ．」（九七年）、六人組のボーイズグループ

「神話」（九八年）を次々とプロデュースし、二〇〇〇年代に入ってからは、「ＢｏＡ」や「東方神起」が、日本での「韓流」ブームの初期の牽引役となった。

一九九六年設立のＹＧ社は、ソ・テジ・ワ・アイドゥルのメンバーだったヤン・ヒョンソク氏が立ち上げた事務所だ（前身ヤングン企画、二〇〇一年に改称）。ＹＧ社は、設立当時から独自路線を歩んでおり、他の事務所がソウルの富の象徴といわれ、その頃は流行の発信地といわれた江南《カンナム》地域に事務所を構えるなかで、漢江《ハンガン》の北側、クラブの多い弘大《ホンデ》の隣り合井《ハプチョン》という街の小さなアパートの地下からスタートしている。海外のファンも多い「ＢＩＧＢＡＮＧ」、「ＢＬＡＣＫＰＩＮＫ」などが所属し、現在はＹＧの文字を象《かたど》った独特な外観の自社ビルを構えるまでになったが、今も合井の地にとどまり続けている。

さらに翌九七年、当時も韓国エンタメ界の第一線で活躍していたアーティストだったパク・ジニョン氏が、ＪＹＰ社（前身テフン企画、二〇〇一年にパク氏自身の名前の頭文字をとって改称）を設立した。今では「ＴＷＩＣＥ」や「NiziU」らをプロデュースする会社として知られている。

この時期、他にも多くの音楽事務所が雨後《うご》の筍《たけのこ》のように生まれていった。新しい音楽グループも続々と登場し、韓国の音楽シーンを盛り上げた。

しかし、ＪＹＰ社が立ち上げられた一九九七年、韓国には大きな転機が訪れた。

韓国産業界に大転換をもたらしたＩＭＦショック

九〇年代末に韓国を襲った経済危機は、韓国社会に海外進出とＩＴ経済化という「大転換」を強いることになった。

一九九七年一月、中堅財閥「韓宝鉄鋼」が破綻したことから始まった経済危機は、連鎖して次々と中堅企業を呑み込んだ。外資は一斉に引き上げ、ウォンは暴落。通貨危機に見舞われ、デフォルト寸前にまで追い込まれた韓国に、ついにはＩＭＦ（国際通貨基金）が介入することになった。ＩＭＦは資金支援の引換として、財政の再建や企業のリストラ、資本や貿易の自由化など韓国経済の改革を求めた。その結果、これまで政府の手厚い保護を受けながら成長してきた韓国の企業は大きく再編されることになった。現代財閥をはじめとする巨大財閥も再編や分裂などにさらされ、一〇大財閥の一角を占めていた大宇《デウ》グループは破綻して姿を消した。

一九九八年には失業率は七％台に上り、経済成長率は前年の六・二％から大幅に落ち込みマイナス五・一％を記録した。収縮してしまった国内市場から海外市場進出への意識転換は急速に広がった。ちなみにこの時期を境にして、韓国の輸出産業もそれまでの自動車などの工業製品に加えて、半導体などの電気、電子機器が目立って増加していくことになる。

危機意識は、韓国のエンタメ産業にも波及した。音楽産業の売り上げを例にとれば、韓国は一七三万九〇〇〇ドルで日本（六〇四三万五〇〇〇ドル）の三五分の一ほどの規模に過ぎなかった（当時。国際レコード産業連盟＝ＩＦＰＩ資料より）。

「経済危機は、エンタメ産業へ〝外に出ることだけが生き残る道〟という切迫した危機意識を呼び起こし、韓流の最初の動力はこのＩＭＦの介入だったといっても過言ではない」

「一九九七年、ＩＭＦにより、漢江の奇跡と呼ばれた製造業中心の韓国は崩壊した。韓流はまさしくＩＭＦショックの時に生まれた独特の文化でもある。ＩＭＦショックがなかったら韓流は生まれただろうか？　答えはノーだ」（『韓流の歴史』カン・ジュンマン）

こうして韓国のエンタメ産業は、積極的に海外進出に力を入れるようになっていく。

彼らの海外進出の決意を支えたのは、中国での成功体験だったかもしれない。

「韓流」という言葉は、九〇年代後半に中国で『愛が何だって』など韓国の大衆ドラマが人気となり、続いてＳＭ社のボーイズグループ「Ｈ．Ｏ．Ｔ．」が中国でも人気となった頃から、中国のマスコミで広く使われるようになったといわれている。

Ｈ．Ｏ．Ｔ．の中国での成功は、当時アジア最大の市場であった日本への挑戦へつながっていった。

日本で成功したＢｏＡ

日本で初めてＫ‐ＰＯＰアーティストとして人気を得たのは二〇〇一年に日本デビューした「ＢｏＡ」だろう。ＢｏＡはＳＭ社でボーカルやダンス、さらには日本や米国に進出するために「日本語」や「英語」などの語学でも徹底したトレーニングを受けた、最初のＫ‐ＰＯＰアーティストだ。

今や世界に知られるこの「Ｋ‐ＰＯＰ」という言葉が生まれたのも、ＳＭ社が育てたＢｏＡの登場からで、これは九〇年代に普及した言葉「Ｊ‐ＰＯＰ」から派生して生まれたものだったという。

一九八六年生まれのＢｏＡは、九八年、小学生の時にスカウトされた。ＳＭ社のオーディションを受けた時には、歌と踊りのセクション双方同時に合格を獲得、異例の逸材といわれた。

二〇〇五年秋、筆者はSM社のイ・スマン代表（当時。現総括プロデューサー）にインタビューする機会があった。

ちょうどその年の春に「東方神起」が日本でデビューし、当時、江南・狎鷗亭《アックジョン》にあったSM社の階段の踊り場の壁には東方神起の大きなポスターが貼ってあった。そのポスターを見やりながら、イ氏は「新しい風を起こしますよ」と不敵な笑みを浮かべていた。

イ・スマン氏は一九五二年生まれ。K-POPの先駆者といわれ、三大音楽事務所創業者のなかで最年長だ。ソウル大学農学部を卒業後、フォーク歌手となった異色の経歴の持ち主として知られ、八〇年代の前半に軍事政権下の韓国の芸能界に見切りをつけて引退した後、アメリカに留学した。カリフォルニア州立大学大学院ではコンピューター工学を専攻している。

そこで五人組の白人ボーイズグループ「ニュー・キッズ・オン・ザ・ブロック」の人気を目の当たりにして、アイドルに商機ありと帰国したといわれている。ニュー・キッズ・オン・ザ・ブロックは、マサチューセッツ州でスカウトされた後、歌、タップダンスなどのトレーニングを施されたグループで、世界で八〇〇〇万枚ものレコード販売枚数を記録、日本でもサードアルバム『ステップ・バイ・ステップ』がヒットした。韓国ではソ・テジ・ワ・アイドゥルが登場する土壌を作ったともいわれている。

イ氏は一九八九年に個人事務所を立ち上げた後、九五年に法人のＳＭ社を設立。この時、日本のジャニーズ事務所をビジネスモデルにしたといわれ、しばらく、日本で行われたジャニーズアイドルのコンサートなどを見て回り、リサーチしていたという。

これに同行したことのある韓国人の記者は、「ＳＭ社のスタッフと一緒に『Ｖ６』の埼玉でのコンサートを見たことがあります。ものすごい舞台装置でみな感嘆していました」と話していた。ＳＭ社の初期のアーティストプロデュースは、ジャニーズから多くを学んでいた。

SM 社代表（当時）のイ・スマン氏と BoA（2005 年、ロイター／アフロ）

徹底した現地適応（ローカライズ）

そのイ氏が当初、日本市場に投入しようと試みたのは、韓国、中国で人気を得ていた「Ｈ．Ｏ．Ｔ．」だった。しかし、兵役を考慮すると、頻繁に現地でプロモーション活動を行わなくてはならない日本では本格的な活動はできないと断念したといわれる。

そこで九七年、三人組ガールズグループ「Ｓ．Ｅ．Ｓ．」を日本市場でデビューさせた。Ｓ．Ｅ．Ｓ．には日本語や英語もできるメンバーが入っていたが、結果は芳しくなかった。

「ＢｏＡはハリウッドで戦えるアーティストがコンセプトで、そのためにはアジア市場を狙えるグローバルな才能が必要でした。以前の（Ｓ．Ｅ．Ｓ．での）失敗から現地の語学能力は必須と痛感して、（ＢｏＡには）歌、ダンス、日本語教育を徹底した。東方神起は第二ステージ（中国人メンバーを加入させる予定だと語っていた）。第三ステージは中国人の人材を育てることです」（筆者によるイ氏のインタビュー『週刊東洋経済』二〇〇五年九月二四日号）

ＳＭ社は、Ｓ．Ｅ．Ｓ．、ＢｏＡ（そして東方神起）など自社所属タレントの日本での活動のマネジメントをエイベックスに委託していた。しかしＢｏＡの日本デビューと同時に、ＳＭ社はエイベックスと吉本興業と組んで日本に現地法人を設立している。現地でのマーケティングを徹底するためだ。当時の韓国エンタメ産業の現地でのマーケティングは、現地適応（ローカライズ）によるプロモーションが主体だった。

一三歳で韓国デビューし、その翌年、一四歳で来日したＢｏＡのプロモーションは、ひたすら日本のテレビに出演することだった。日本語のトレーニングを受けていたとはいえ、当初はバラエティ番組での（日本人芸人の話す）早口の関西弁など、戸惑いも多いなかでの手探りでの営業活動だったと後年語っている。

彼女の成功を足掛かりにするようにして「東方神起」が日本市場へ進出していった。韓国ではデビューしてすぐヒット曲をだし、スターとして頭角を現わしていた東方神起だったが、日本ではショッピングモールなどでのミニステージ公演や、深夜のバラエティ番組に出るなど地道な営業活動をしたことで知られている。

二〇〇八年当時、韓国のテレビ番組でのインタビューで東方神起のメンバーのひとりは、「（日本に行く）飛行機の中でスイッチを切り替える」と告白していた（「伝説舞台アーカイブＫ」ＳＢＳ）。韓国ではすでにスターだったが、日本では新人なのだと自分に言い聞かせていたという。

そんな伝統的ともいえるプロモーション方法が大きく変わったのは、二〇一〇年、日本でデビューすると同時にブレイクした九人組のガールズグループ「少女時代」からだ。

二〇一〇年に日本で初めてのコンサートのために来日した少女時代はデビュー前にもかかわらず、羽田空港には八〇〇人ほどのファンが駆けつけ、有明コロシアム（一万人収容）を観客で埋め尽くした。少女時代はこの年に日本のオリコンチャートでいきなり二位に躍り出ている。同年には、ライバルとされたガールズグループ「KARA」も日本にデビューし、これが「第二次韓流」ブームの始まりとなった。

少女時代の人気の背景には、SNSを駆使したマーケティングがあった。少女時代はYouTubeなどにパフォーマンスをアップし、日本での反応を分析して、満を持して来日させたといわれている。二〇一一年、SM社は東方神起、少女時代などの自社の人気アーティストをひっさげてパリで「SMTOWN LIVE」公演をし、大成功を収めた。この成功にも、SNSなどを積極的に活用したマーケティング戦略の貢献があったという。

インターネットの普及による世界的なデジタル社会の到来は、韓国のエンタメ産業に大きな変化をもたらした。次章では二〇〇〇年代に起きたITの普及と韓国エンタメ産業の関わりを見てみよう。

第二章　デジタル化の波に乗る

韓国の「ＩＴ大国」化

インターネットの普及、そしてＳＮＳの登場は、韓国のエンタメ産業のマーケティングの方法をがらりと変えてしまった。

先に触れたように、一九九七年の経済危機から韓国が産業構造の転換を迫られ、韓国のエンタメ産業もまた、中国や日本、そして東南アジアへ積極的に進出するようになる。

そしてもう一つ、この経済危機が韓国にもたらしたものが、「ＩＴ大国」化だった。この変化も韓国エンタメ産業に大きな転機をもたらした。ＩＴ、特にＳＮＳを上手く使った韓国エンタメ産業は、世界的なデジタル社会への変化を背景にして、二〇一〇年代以降のグローバル規模の「韓流」ブームを作り出すことに成功した。韓国のある証券アナリストは、「これ（世界での「韓流」ブーム）はＳＮＳが韓国にくれた贈り物だった」と分析している（前掲『韓流の歴史』）。

九〇年代後半の経済危機まで、自動車や船舶など工業を主要産業としてきた韓国政府は、新たに成長を見込める産業分野としてＩＴ分野へ積極的に取り組むようになった。韓国では「ＩＴ大国」を目指してインフラ整備を推し進め、高速ＬＡＮが整えられてインターネットが急速に広まった。

韓国のブロードバンド（超高速インターネット）普及率は二〇〇〇年には人口一〇〇人当たりでＯＥＣＤ中一位となり、〇四年にはＯＥＣＤ平均の二倍以上の普及率となった（一〇〇人当たり二四・六人）。同年、日本は八位（同一五・三人）、米国は一一位（同一二・八人）だった。

韓国のこの決断は、世界のデジタル社会への転換と軌を一にしていた。そして、韓国のエンタメ産業もまたこの流れに巻き込まれていく。

音楽業界への最初の黒船は、一九九八年に登場したＭＰ３だ。

ＭＰ３はデジタルの音声データを圧縮する仕組みのこと。データが大きくネット上のやりとりに向かなかった音楽データを簡単にアップロードし、ダウンロードすることを可能にした。その結果、誰でもインターネット上で簡単に音楽にアクセスできるようになった。

デジタル音楽データをネット上で販売するサービスも登場し、アップル社の「iTunes」

（二〇〇三年サービス開始）が流行したのを覚えている人も多いかもしれない。大量のデジタル音楽を持ち運んで楽しめるＭＰ３プレーヤー「iPod」が売り上げを伸ばす一方で、ＣＤの売り上げはみるみる減少していった。

韓国でのＣＤの販売額は二〇〇〇年（四一〇四億ウォン）をピークに激減し続けて〇七年には七分の一（六〇〇億ウォン）にまで落ち込んだ。

音楽産業は経済危機同様、ここでも転換を迫られることになる。音楽事務所の収益モデルは、それまでのレコード（ＣＤなど）販売に依存する経営から、アーティストのコンサートの収益やグッズ販売、企業とのコラボによるライセンス収入などに変わっていった。『冬のソナタ』制作などでも知られる韓国屈指のドラマ制作会社「ペンエンタテインメント」ももともとは音楽事務所だった。

ところが、ＭＰ３の登場で、「小学生の息子までＭＰ３でただで音楽を聴くようになり衝撃を受けて音盤事業を畳んだ」（ヘラルド経済、二〇一二年六月二二日）と同社を立ち上げたパク・ヨンソク代表理事はその背景を語っている。このパク氏は大手製薬会社に勤めていたのが、歌好きが高じて自身もＣＤを出すに至り、ついには音楽業界に転身した異色の経歴の持ち主として韓国では有名な経営者だ。

ＳＮＳ社会の到来

インターネットが世の中に普及するにつれて、次々と新しいコミュニケーションツールが登場していった。二〇〇四年に「Facebook（フェイスブック）」、〇五年に動画投稿サイト「YouTube」、〇六年にマイクロブログの「Twitter（ツイッター）」が誕生し、音楽など、エンタメコンテンツを人々に広げるメディアの主役は、従来のテレビやラジオから、インターネット上のさまざまなＳＮＳに取って代わられた。

これらの新しいサービスは、従来の放送会社や業界の意思決定者が広めたいものを広める、というものから、サービスを享受する側自身が発信し情報を共有しあうことで広まるような、流行発信のかたちを能動的なものに大きく変化させた。そして、その情報共有の範囲もひとつの国という単位から世界全体へと一気に広がった。

二〇二〇年、世界での韓国のＳＮＳ利用率はアラブ首長国連邦、台湾に続いて三位（八七％、ＫＴ経済経営研究所、ＤＭＣメディア調べ）。日本の六五％を大きく上回っている。

新しいツールのあり方によりそうものとして、二〇〇七年、スマートフォンが登場する。このスマートフォンによりＳＮＳは爆発的に広がっていく。インターネット上の人々の動きが大きな潮流を生み出すことも珍しくなくなった。

ソーシャルメディアを上手く使いこなす、インターネット出身のスターも次々と現れるようになった。

もっとも有名な一例は、本書の第一章で触れた、カナダ出身のジャスティン・ビーバーだろう。二〇〇七年、まだ一〇代だったジャスティン・ビーバーは、オーディションでのパフォーマンスをYouTubeに投稿した。その後も自身が歌った動画を投稿してインターネット上で人気となり、その動画がプロデューサーの目に留まったことで一気にスターの道を駆けあがっていくことになる。インターネット上での人気をはかる、ビルボード・ミュージック・アワードの「トップ・ソーシャル・アーティスト」部門では、二〇一七年にBTSが首位になるまで、六年もの間ジャスティン・ビーバーがトップだった。

SNSがプロモーションの武器に

この新しい流れを受けて、韓国の音楽業界もプロモーションの主戦場を、YouTubeなどの新しいプラットフォームに次々と切り替えていくことになる。こうした情況の変化にいち早く対応したのがSM社だった。

YouTubeが韓国に進出するのは二〇〇八年だったが、〇六年にはすでにＳＭ社が公式チャンネルをYouTubeに開設している。後年、同社のキム・ヨンミン代表理事はYouTubeやツイッター、フェイスブックを使って、現地の反応の分析を始めていたと日本の雑誌で明かしている。

「iPhoneなどのスマートフォンの爆発的な普及で、動画で言うとYouTube、ＳＮＳだとフェイスブックの利用者数が急激に増え、世界が共通のチャンネルを持つことになったわけです。その結果、視聴者は必ずしも自国のコンテンツだけを見るのではなく、積極的に海外の情報にもアクセスできるようになりました。（中略）この環境をうまく使って海外展開していこうと準備し、戦略を立てた結果、照準を絞ったのが二〇一〇年だったのです」（『日経エンタテインメント！』二〇一一年一〇月号）

その成果が現れたのが、「少女時代」の日本をはじめとする海外での成功だったわけだ。〇八年には、ＹＧ社とＪＹＰ社もYouTubeに公式チャンネルを作っている。

新しいネットサービスでは、著作権など旧来の権利関係や商慣行などからくる軋轢《あつれき》もあったが、韓国の音楽事務所はＳＮＳを〝マーケティング〟ツールととらえ、よほどの侵害でなければ放置してきた。さらに韓国では二〇〇七年に著作権法がデジタル分野へも適用

SNS時代の幕開けと共に登場した少女時代（Yonhap／アフロ）

できるように全文改正された。違法コピー業者に登録を義務づけることで、合法的なサービスへの道筋も開いている。

二〇一三年には、ＳＭ社は「グローバルＳＮＳマーケティングアイデアコンテスト」を開き、ＳＮＳを利用したマーケティングについて広くアイデアを募集までした。同コンテストの入賞者には、ＳＭ社のオンラインマーケティング部門で働ける機会を与えるというものだった。韓国の音楽事務所ではＳＮＳを積極的に利用したマーケティングが進んでいくことになる。

BTSとファン、そしてSNS

ＳＮＳを積極的に活用して成功を収めたといわれる最大の例が、「ＢＴＳ」だろう。

ソウル大学のホン・ソクキョン教授はＢＴＳの成功

の過程を追った著書『ＢＴＳ　オン・ザ・ロード』（桑畑優香訳、玄光社、引用も邦訳より）で、「ＢＴＳを理解する最も重要なキーワード」として、「トランスメディア」戦略を挙げている。

トランスメディアとは、ひとつの情報・コンテンツを使ってさまざまな媒体にプロモーションを進める方法と違い、プロモーションするものの断片をそれぞれの媒体で披露し、そのばらばらの断片をパズルのようにつなげることで、全体像に導く方法をいう。

一度に全体の情報に視聴者を触れさせるのではなく、少しずつ断片的な情報に触れさせることで、逆に関心や興味、思い入れを深めさせ、受け手が気づいた時にはプロモーション全体にすっぽり取り込まれているという戦略だ。

消費者自身が多くのチャンネルを手にするＳＮＳ時代に多く見られる手法で、最近では、二〇二〇年に日本で大ヒットしたアニメ映画『鬼滅の刃』でもこの手法によるプロモーションが行われていたことが報じられている。

ＢＴＳのトランスメディア戦略は、楽曲やミュージックビデオに、（フィクションと現実の入り混じる）ＢＴＳの世界と彼らの成長の物語などを複層的に編み込んでいるとホン教授は指摘する。ファンはそれぞれの楽曲に込められたＢＴＳをめぐる断片的な描写を自分たちで集めてつなぎ、解釈・共有しあうのだという。

　また、ホン教授はこうも指摘している。

「（多くの評論家は事務所やＢＴＳサイドによる積極的なＳＮＳ利用について語るが）成功の理由はそれだけではない。何より重要なのは、ファンが韓流コンテンツを得るために積極的にＳＮＳを活用していることだ」（前掲書より）

　ＢＴＳのグローバルな活躍は彼らのファンであるＡＲＭＹ抜きには語れない。

　アメリカ市場でＢＴＳの存在を広めるために、計画的にYouTubeに集中してアクセスしたり、また、ツイッターでは二〇一八年だけでおよそ一億個のＢＴＳ関連の検索語（ハッシュタグ）を作ったという（『ＢＴＳとＡＲＭＹ　わたしたちは連帯する』イ・ジヘン、桑畑優香訳、イースト・プレス）。ＢＴＳをさまざまなネットサービスのアクセスランキングの上位に食い込ませることで、ＢＴＳを知らない人たちにも彼らの曲が届くようにしたのだ。

　ＢＴＳがビルボードのメインチャート「ＨＯＴ１００」に初めて登場したのは二〇一七年だったが、ファンたちは率先してビルボードに影響力のあるラジオ局をマーケティングし、ＤＪにリクエストする際の詳細なマニュアルまで作った。たとえば、ＢＴＳを知っているDJと知らないDJでは、リクエストメッセージを変えるなどの工夫をしていたという。BTSの曲を選曲してくれたDJには、ファンたちが花束やスイーツを贈り感謝の気持ちを伝えたという（前掲書より）。これが印象に残らないDJがいるだろうか。

BTSが二〇一七年にジャスティン・ビーバーから「トップ・ソーシャル・アーティスト」の座を奪ったのは、ファンたちの努力の賜物でもあったといえる。

今日のK-POPアーティストの世界的な人気は、こうしたネット上のファンの活動によって作られている。ファンによってネット上でアーティストの話題を拡散し、人々に周知させていくことは、現代のマーケティングでは欠かせないものになった。

各種人気チャート、人気投票などにファンが主体的に協力しあって、応援するアーティストのランキングを押し上げてもらうことも、現代のマーケティングの常識になった。

現在ではどの大手の音楽事務所でも、YouTubeやSNSでの動向を分析する専門部署があり、精鋭を他社から引き抜いているといわれる。韓国エンタメ産業は、SNSなどインターネット上のコミュニケーションツールを武器に、日本だけでなく世界、とりわけアメリカへと進出していくことになる。

韓国の音楽産業の輸出額を見ると、二〇〇九年以降、右肩上がりで増え続けている。二〇〇九年に三一〇〇万ドル（約二九億円）だった輸出額は一八年には一八倍以上の約五億六四二〇万ドル（約五五二億円）もの規模に膨れあがっている。

そして、その輸出先のおよそ六割は日本市場だ。

日本の次は中華圏（中国、香港、台湾）が二割（一九・八％）、東南アジアが一割ほど（一一・三％）と続き、北米は一・三％、欧州は一・二％ほどだ。北米の割合はまだ低いが、一七年には前年の一五九・八％と爆発的に増加し、一八年には三〇・八％増とここ数年増加し続けており、今後成長の見込める市場と見られている。

こうしてK-POPスターたちは世界に躍り出た。

では「韓流」ブームを担うもう一つの柱、韓国ドラマはどのようにして世界的なものになったのか。ここで視点をかえて韓国の映像ビジネスを見ていこう。

第三章　なぜ韓国ドラマが人気なのか

検閲されていた韓国ドラマ

韓国は一九八〇年代まで軍事政権が統治する国だった。

朴正熙《パクチョンヒ》大統領時代（六三〜七九年）のテレビドラマは政府のガイドラインに沿って制作されていた。

七六年には、午後五時から九時までは「ファミリーアワー」と決められ、検閲を通過した外国ドラマや教養、教育番組などで編成された。ドラマも「反共」など政府の方針に沿ったもので、家族ドラマが圧倒的に多く、大統領がタイトルをつけたものもあったという。

全斗煥《チョンドゥファン》大統領となった一九八〇年には言論基本法が制定され、内容が審査された。

変化が訪れたのは八〇年代後半に入ってからだ。八七年の盧泰愚《ノテウ》による「民主化宣言」とともに、言論基本法は廃止され、政権を批判する内容や社会の現実を投影する作品が増えていく。そして九〇年代には日本のトレンディドラマの後を追いながら、本格的にエンタテインメント性の強いドラマが続々と生まれていった。同時に韓国のドラマが輸出されるようになる。それは第一章のＫ－ＰＯＰの例で見てきたように、九〇年代後半の経済危機による韓国産業の積極的な海外輸出の方向性とも合致していた。

九〇年代後半、ドラマは主にベトナムを中心とした東南アジアや中国に輸出されていた。当時、東南アジアでは日本のドラマが人気だった。一九九四年にはベトナムでＮＨＫドラマ『おしん』が放映され大ヒットしていた。ただ日本のドラマの放映権は高く、韓国はディスカウントすることで輸出を伸ばしていったという。

この頃、東南アジアで人気を得た韓国ドラマは『ドクターズ（医家兄弟）』（一九九七年）や『初恋』（一九九六年）などだ。

『ドクターズ』は、ある病院を舞台に、血のつながりのない性格も対照的な兄弟医師の確執と、権力闘争を描いた作品だ。日本の元祖韓流四天王のひとりチャン・ドンゴンが、非情で野心家の弟医師を演じて話題となった。一方の『初恋』のほうは後に『冬のソナタ』での共演で有名になったヨン様ことペ・ヨンジュンとチェ・ジウの初共演作として知られている。貧しい一家に育った主人公（ペ・ヨンジュン）の初恋の相手は、兄と恋仲だった資産家の娘（チェ・ジウ）。しかし娘の親は卑劣な手段で兄の人生を台無しにしてふたりを引き裂く。弟は資産家一家に復讐をはかる――複雑な関係を描き、韓国では最高視聴率六六％を記録する空前のヒット作だった。

前述のとおり、「韓流」という言葉のきっかけとなったのは、九〇年代後半に中国で韓国ドラマ『愛が何だって』（一九九一年）が流行したことだ。九七年に中国のＣＣＴＶ（中国中央電視台）で放送され、一億五〇〇〇万人が視聴したという。

このドラマは、結婚することになった男女ふたりの家族を巡るファミリーもので、家父長制への不満や結婚することへの疑問など、現在にも通じるテーマが盛り込まれている。日常でよく見られるささやかな出来事をコミカルに描いて韓国でも最高視聴率六四・九％を叩きだしたヒット作品だった。余談だが、二〇二一年にアメリカ映画『ミナリ』でアカデミー助演女優賞を受賞したユン・ヨジョンも新婦の母親役として出演している。

韓国ドラマの当時のアジアでの人気は、儒教的なものが残る環境というアジア共通の要素と、出演している俳優の人気によるものといわれている。

『冬のソナタ』が契機に

韓国ドラマの輸出が大きく飛躍する契機となったのが、二〇〇三年から〇四年の日本での『冬のソナタ』ブームだ。日本でドラマ『冬のソナタ』がＮＨＫ衛星で放映されると、その年末から熱狂的なヨン様ブームが巻き起こった。日本のメディアはこぞってヨン様を追いかけ、韓国に住む筆者にも、韓国エンタメ界で取材する機会がにわかに増えた。

取材先で困惑したのは、日本のヨン様人気にみなとても懐疑的だったことだ。

「本当にペ・ヨンジュンが日本で人気があるの？」

行く先々で必ずこんなことを訊かれた。

当時、韓国からは「エンタメ先進国」と見なされていた日本で、韓国ではもう旬を過ぎたといわれていたペ・ヨンジュンが本当に人気があるのか、韓国エンタメ界で働く人々にとっては、信じられない思いだったようだ。取材のたびに驚かれ、なかには韓国メディアが誇張して報じていると思っている人もいた。

日本で大ブームを巻き起こしたペ・ヨンジュン（2008年、文藝春秋）

この『冬のソナタ』の成功が韓国の映像コンテンツが輸出で成功できると

いう確信につながったという。

「日本は文化の先進国。日本で受け入れられれば、他のアジアも攻略できるはずだ」と業界関係者は当時語っていた。

ペ・ヨンジュン人気からはじまった日本の韓国ドラマブームは、ほかのドラマや映画にまで広がり、イ・ビョンホン、チャン・ドンゴン、ウォンビンといった人気俳優たちが「韓流四天王」として持て囃されるまでになった。「ＢｏＡ」や「東方神起」といったＫ-ＰＯＰスターたちの活躍とあわせて、このころが、第一次「韓流」ブームといわれている。

冬ソナの成功から「韓流エンタメ」の経済効果は韓国のＧＤＰをその前年より〇・一八％押し上げて、韓国ドラマの日本への輸出はおよそ六倍（三六〇八万ドル）に跳ね上がった（韓国貿易協会、二〇〇四年）。

さらに韓国のドラマ制作へ投資する日本企業が増加して、「韓国のドラマ制作の構造に一石を投じた」（別の業界関係者）。電通やフジサンケイグループ系列会社、エイベックスグループなど、当時日本の大手メディア企業が、韓国のドラマ産業に投資をはじめたのだ。

第一次「韓流」ブームで変わった制作環境

このときの「韓流」ブームが、韓国の俳優や制作環境を劇的に変えた。スターによってはギャランティが一〇倍にもつり上がったといわれる。

かつて韓国の俳優は、テレビ局の公開オーディションから芸能界入りすることが多かった。

ペ・ヨンジュンやイ・ビョンホンは、KBS（韓国の公共放送）の公開オーディションで芸能界入りしている。

彼らはテレビ局の専属タレントとも呼ばれ、二〇〇〇年代初めまでは、人気度で金額に多少の差はつけられていたものの、俳優の給与はテレビ局から支給されていた。

ところが、人気ドラマが生まれ、スポンサーがつきコンテンツとして売り上げがついてくるようになると、俳優たちから報酬の安さへの不満が出るようになっていた。不満は「韓流」ブームによる海外輸出の成功でさらに膨らんで、テレビ局では彼らの要求に応えられなくなってきた。

こうして続々と俳優自らも事務所を立ち上げ始める。ヨン様ことペ・ヨンジュンは、日本で人気となった二〇〇四年、自身の事務所をつくった。イ・ビョンホンも〇六年にマネジャーと事務所を立ち上げている。

俳優だけでなく、ドラマ制作現場でも同じような変動が起きた。

資金が徐々に調達できるようになったことで、テレビ局のスタープロデューサーは社を辞めて自身の制作会社を立ち上げるなど独立するようになった。

たとえば『冬のソナタ』、『秋の童話』、『夏の香り』の四季シリーズを制作したドラマ企画・制作会社「ペンエンタテインメント（以下ペン社）」。同シリーズを演出したプロデューサー、ユン・ソクホ氏は、この成功で日本でも有名になった。

ユン氏は一九五七年生まれ。もともとＫＢＳの社員だったが九八年にペン社に移籍していた。同シリーズの成功ののち、二〇〇四年に独立、自身の制作会社「ユンスカラー」を立ち上げた。その後は四季シリーズの最終章である『春のワルツ』（二〇〇六年）やドラマ『ラブレイン』（二〇一二年）、日本で制作した映画『心に吹く風』（二〇一七年、脚本・監督）などに携わっている。

韓国エンタメ界の雄、ＣＪグループとイ・ミギョン

二〇一〇年代に入ると、映像に限らず、韓国のエンタメ産業を牽引する企業が生まれた。「ＣＪ ＥＮＭ」だ。

ＣＪＥＮＭは、財閥ＣＪグループの企業。韓国のエンタメ産業の現在を語るのに、このＣＪグループは外せない存在だ。

ＣＪグループは、食品やそのサービス、生命工学、流通、エンタテインメントを四大事業としている。その中心企業である第一製糖（韓国語でチェイルジェダン。頭文字をとってＣＪとなった）は、もともと現代韓国を代表する巨大財閥サムスングループの企業だった。

植民地時代にイ・ビョンチョル氏が設立したサムスンは小さな商社から身を起こし、朝鮮戦争後、製造業に関わるようになった。そのときつくられた最初の企業が、第一製糖だった。

同社は韓国で大成功を収め、現在も韓国国内の砂糖生産のシェアのおよそ五割を握っている。一九九五年に筆者が韓国留学していたころは、「砂糖の会社」の印象がまだ強かった。

この第一製糖は一九九三年にサムスングループから分離することになり、九七年に完全に独立して新たにＣＪグループとなる。そこにはサムスン創業者一族の後継者問題をめぐる背景があった。

サムスングループを起こしたイ・ビョンチョル氏には、三男五女がいた。八七年に他界したビョンチョル氏の後、同グループを継いだのは、そのうちの三男、二〇二〇年に亡くなったイ・ゴンヒ氏だ。長男のイ・メンヒ氏（故人）がサムスングループを継ぐことはなかった。

長男が後継者とならなかったことは韓国では異例なことで、当事者たちも思わせぶりな言葉を残して物議をかもしたが、そのメンヒ氏の長男、イ・ジェヒョン氏（現ＣＪグループ会長）が、サムスングループから分離しＣＪグループを作った。

一九六〇年生まれのイ・ジェヒョン会長はイ・ビョンチョル氏の男の初孫として、ビョンチョル氏に幼い頃から厳しく教えられ、「リトル・イ・ビョンチョル」といわれたという。

製糖会社だったＣＪグループが、傘下のエンタメ企業で名前を知られるようになったのには、ひとりの女性の存在がある。

メンヒ氏の長女でジェヒョン氏の姉にあたる、イ・ミギョン同グループ副会長だ。

イ・ミギョン氏の存在は、韓国のエンタメ産業、とりわけ、映像や音楽においては圧倒的なものだ。

二〇二〇年にアカデミー賞を受賞した韓国映画『パラサイト　半地下の家族』（二〇一

九年）に投資したプロデューサー（肩書きは最高責任プロデューサー＝ＣＰ）としても知られる。同作品への投資額は一二五億ウォン（約一二億五〇〇〇万円）。ちなみに同作品は日本だけで収益は四五億円を突破している（二〇二〇年三月末時点）。それ以外にもポン・ジュノ監督の三作品に投資しており、『スノーピアサー』（二〇一三年、米仏韓共同制作）には四〇〇〇万ドル（約四〇億円）を投じている。

　このイ・ミギョン氏を支えているのが、彼女の弟イ・ジェヒョン氏だ。アカデミー賞授賞式の舞台に立ったイ・ミギョン氏は挨拶で、「共に夢を見て支援し続けてくれた弟に特別な感謝を伝える」と話し、その二人三脚ぶりが話題になった。

映画『パラサイト』のアカデミー賞授賞式にて。イ・ミギョン氏（手前）とポン・ジュノ監督（左上）（2020年、ロイター／アフロ）

　イ・ミギョン氏は、一九五八年生まれ。ソウル大学を卒業後、ハーバード大学大学院でアジア地域学を学び、その後、中国の復旦大学で歴史教育学の博士号を取っている。サムスングループのイ一族のひとりとして、最高の教育を受けてきた。

彼女がエンタメ事業に関わろうと考えるようになったのは、八〇年代の後半にハーバード大学大学院に在籍していた頃のことだという。アメリカで韓国という国があまりにも知られていなかったことに衝撃を受けたことがきっかけだった。

映画好きでもあり、アメリカのエンタメ産業を目の当たりにして韓国の文化を世界に広めたいと思ったという（『女性東亜』二〇一四年三月号）。

彼女のプロデュースを受けたポン・ジュノ監督は、イ・ミギョン氏について、「夥《おびただ》しい映画を見てその尋常ではない情熱をビジネスにもたらした真の映画人」（中央日報、二〇二〇年二月一〇日）と評している。

イ・ミギョン氏と、ＣＪグループが韓国エンタメ産業界で頭角を現すことになった出来事は、一九九五年、スティーブン・スピルバーグ監督が運営する「ドリームワークス」社にＣＪグループが投資を決めたことだった。この一件で、ＣＪグループは同社の配給権をアジア（日本を除く）で獲得することになる。

「ドリームワークス」は当初サムスンと交渉をしていた。その交渉役を担っていたのが当時サムスンの米国法人「サムスンアメリカ」に勤務していたイ・ミギョン氏（当時は第一製糖理事を兼任）だったという。ところが、両社の交渉が物別れに終わるや、すかさずイ・ジェヒョン氏（当時は第一製糖専務）に投資するよう進言したといわれる。

イ・ミギョン氏が支援しているエンタメ事業は映画制作だけではない。アジア最大の音楽授賞式として知られる「ＭＡＭＡ」（Mnet Asian Music Awards）など音楽分野でも多くの支援をしている。韓国のオーディション番組の先駆けといわれる「スーパースターＫ」の仕掛け人でもある。

ＣＪグループは一九九八年には韓国初のマルチプレックスシアター「ＣＧＶ」をオープンさせた。前年九七年の経済危機で多くの企業は映画事業から撤退したが、イ・ジェヒョン同グループ会長が押し切ったと伝えられている。

その後ＣＪグループは多くのエンタメ関連企業を擁するようになったが、二〇一一年、グループ内に独立して存在していた、ＣＪメディア、オンメディア、ＣＪエンタテインメント、Ｍｎｅｔ、ＣＪインターネットなど各社を統合して、「ＣＪ Ｅ＆Ｍ」を設立、一八年にさらに関連会社を合併し、「ＣＪ ＥＮＭ」と改称した。

こうして韓国に、映画、ドラマ、音楽、公演、ゲームなどのコンテンツを擁するエンタメ界のモンスター企業が誕生することになる。

動画配信時代にのった「スタジオドラゴン」

Netflixを通して日本を含めて世界的に大ヒットしたドラマ『愛の不時着』を制作した「スタジオドラゴン」も、このＣＪグループ傘下だ。

『愛の不時着』は、韓国の財閥令嬢で起業家の女性が自社のパラグライダー試乗中に竜巻に巻き込まれ、軍事境界線を越えて北朝鮮に不時着したところを助けてくれた北朝鮮の将校と恋に落ちる（「不時着」する）ストーリーだ。南北国境三八度線によって分断された『ロミオとジュリエット』のような切ないラブストーリーを軸に、今もベールに包まれている北朝鮮の人々の日々の営みなどが描かれて関心を呼び、韓国でもヒットした。脚本家は北朝鮮の日常を描くために韓国にいる脱北者を重ねて取材していたことが伝えられている。

スタジオドラゴンは、一年に三〇本近いドラマを制作し（二〇二〇年には二八本）、この『愛の不時着』だけでなく、『トッケビ　君がくれた愛しい日々』『太陽の末裔　Love Under The Sun』『海街チャチャチャ』など数々のヒット作品を生み出し続けている。二〇一六年にＣＪ ＥＮＭ（当時はＥ＆Ｍ）のドラマ事業部が独立して設立され、他のドラマ制作会社を次々に買収し韓国最大規模のドラマ制作会社にまで成長した。社内にはヘッドハンティングしてきた演出家、脚本家、プロデューサーなど、いずれも韓国を代表するクリエイター二三〇人あまりが所属しているといわれる。

同社は企画から制作、流通、販売まですべてのプロセスを手がけている。彼らの手法は、それまでテレビ局が企画とキャスティングを担い、制作会社は現場の下請けに過ぎなかったのとは一線を画している。

設立当初から「世界で勝てるコンテンツ」を目標としている同社は、ＩＴ時代のドラマ視聴を当初から念頭に置いていた。

その背景には、約九〇社ある国内のケーブルテレビや、Netflixはじめ各種動画サイトなどインターネット上のサービスの普及がある。

ストリーミング（YouTubeやAmazon Musicなどで動画や音楽をインターネットで楽しむ再生方式）技術の発展と、スマートフォンやタブレットの普及。そしてサブスクリプション（NetflixやAmazonプライムなど、定額料金を支払うことで一定期間利用できるサービス）の普及で、地域のテレビ局の放映に頼ることなく、個々人が世界のエンタメコンテンツに、簡単にアクセスできるようになった。言い換えれば、制作会社にとっては、世界中の視聴者が相手となった。

こうした産業構造の変化を視野に入れて、スタジオドラゴンは自分たちの戦略を練ってきたといわれている。

二〇一九年一一月には、Netflixと提携、Netflixはスタジオドラゴンの株四・九%を取得した。

スタジオドラゴンはアメリカ市場へ直接進出するため、アメリカの有力メディア企業とドラマの共同企画・制作をすることを考え、その環境を整備する方針を打ち出した。

同社のカン・チョルグ代表は二〇二一年二月、業績発表と共にこんなコメントを出している。

「二〇二〇年は、努力がグローバル市場に通じるという公式をあらためて痛感しました。私たちも、グローバルメジャーのスタジオがつくるドラマの圧倒的なクオリティを目標に、K-ドラマのしっかりとした構成力、斬新で、それでいながら普遍的な共感を呼ぶ、面白い作品を作っていきます。私たちは、〝プレミアムストーリーテラー〟として今後も成長していきます」

スタジオドラゴンの二〇二〇年の売り上げは、五二五七億ウォン（約五二五億円）と過去最高を記録。営業利益は四九一億ウォンとなり、それぞれ前年と比べると一二・二％増、七一・一％増だった。コロナ禍による巣ごもり需要でストリーミング利用者が増えたことが背景にあり、海外の売り上げは全体のおよそ四四％を占める。

日本のドラマの海外輸出額は二〇一八年度で約三三億円だったことを考えると、スタジオドラゴン一社の海外の売り上げだけで、日本の七倍にもなる計算だ。

このスタジオドラゴンの成功に触発され、同社のように企画・制作、流通、販売まですべてのプロセスを手がける、「スタジオ形式」のドラマ制作会社が韓国では増えている。

制作会社は、自分たちが制作した作品の著作権を保持し、放映については系列の放送会社などにこだわらない。複数の販売先（放映先）と交渉して、有利な条件を得るためで、さらに放送権を海外に売ることでも利益を得ている。

たとえば民放のＳＢＳはドラマ制作会社「スタジオＳ」を設立したが、放映はＳＢＳとは限っていない。またカカオのようなＩＴ企業など、放送会社を系列にもたず、これまでドラマ制作に無関係だった企業も参入するようになっている。

ウェブトゥーンドラマの人気

ケーブルテレビやインターネットによるドラマ視聴スタイルの根本的な変化によって、二〇一〇年ごろを境に韓国ドラマの作品性にも大きな変化があった。

かつての「韓流ドラマ」といえば、濃厚なストーリーや演出で人気を得ていた。その一方で、記憶喪失や交通事故、不治の病といったような極端なヤマ場が次々と現れる「マクチャンドラマ」とも呼ばれた。マクチャンとは「最後、どん詰まり」という意味で、「マクチャンドラマ」とは、これ以上ないという意味から、過ぎた、あり得ない展開のドラマのことだ。

たとえば前出の九〇年代のドラマ『ドクターズ』では、医療ミスを犯したショックにより医師が一時的な記憶喪失となり、『初恋』では主要登場人物が交通事故にまきこまれ意識不明の重体になる。記憶喪失や交通事故は韓国ドラマの必須アイテムなどと揶揄された。

ところが韓国では、二〇〇〇年代半ば頃からアメリカのドラマ人気が若年層を中心にじわじわと拡がり、海外のドラマに触れた人たちにはこうした既存のドラマのスタイルが後《おく》れたものに映るようになっていた。

そこに現れたのが「ジャンルドラマ」だった。韓国でいう「ジャンル」とは、刑事もの、法廷ものなどさまざまな素材を扱った分野別のドラマといった意味合いだ。ドラマが視聴者の好みに応じて恋愛や「大河（韓国の時代劇）」、サスペンス、復讐や御曹司《おんぞうし》ものなど細分化されていくなかで、ターニングポイントになったのが、「ウェブトゥーン（ウェブ漫画）」を原作とするドラマの登場だった。

「ウェブトゥーン」とは一九九〇年代末頃から韓国で始まった、ウェブ上で描かれたカートゥーン（漫画）を指す言葉だ。

インターネットの普及によって、オンラインゲームが人気となると、韓国の漫画誌はみるみる販売部数を落とし、次々と廃刊に追い込まれた。そこへ取って代わったのがインターネット上で読む漫画、ウェブトゥーンだった。

モニターで読むことを前提に、豊かなカラー彩色と、ストーリーが縦に展開していくように構成されているのが特徴だ。スマートフォンが登場した頃から人気に火がついて、今では、韓国の大手ＩＴ企業は人気ウェブトゥーン作家を抱えている。

日本で知られるウェブトゥーンサービスといえば、「ＬＩＮＥマンガ」「ピッコマ」「comico」の三社が挙げられるが、いずれも親会社は韓国企業だ。ＬＩＮＥマンガの親会社はＳＮＳ・メッセンジャーサービス「ＬＩＮＥ」を運営する韓国企業ＮＡＶＥＲ《ネイバー》社だ。

またピッコマも、韓国ではＬＩＮＥ以上に人気のメッセンジャーサービスである「カカオトーク（カトゥク）」を運営する「カカオ」のグループ会社「カカオエンタテインメント」のサービスだ（日本ではカカオピッコマが運営）。

日本のピッコマは、韓国のウェブトゥーンの日本語版などを販売し、日本のウェブトゥーン市場一位の売り上げを誇る。二〇二一年四月にはカカオエンタテインメントがニューヨーク株式市場上場を準備しているというニュースが話題になった。comicoを運営するのも、韓国のオンラインゲーム・ネット企業のＮＨＮの関連会社だ。

ウェブトゥーン原作のドラマで日本でもよく知られているのは、『梨泰院《イテウォン》クラス』（二〇二〇年、ケーブルテレビチャンネルＪＴＢＣ／Netflix）だろう。大手飲食グループの息子による不慮の事故で父を失い社会の底辺に突き落とされた若者が、ソウルの飲食激戦区、梨泰院で小さな飲み屋を開店。因縁のある大手飲食グループの妨害をはねのけ成功を目指すストーリー。復讐の要素と、ゼロからの成功というサクセスストーリー、ＩＱ一六二の天才インフルエンサーなど個性的な脇役の存在も話題となり、大ヒットした。Netflixを通じて日本でも放送され人気をとり、二〇二二年の夏には日本で竹内涼真主演のリメイクが予定されている。

二〇二一年一一月、Netflixオリジナルの韓国ドラマ『地獄が呼んでいる』は、初登場から「テレビ番組（非英語）」部門で全世界のトップ10で一位となり、わずか三日間でNetflix視聴が可能な世界七一カ国で上位ランクを記録。日本やフランスなどで一位、アメリカでは三位となった。

突然どこからか現れる謎の使者に死の宣告を受けると、残酷に殺されて地獄へ送り込まれる。この得体の知れない超常現象によって恐怖に陥った人々。そうした不安をついて勢力を拡大する新興宗教や自警団。ファンタジーホラーの体裁をとりながらも、現実の宗教団体の腐敗やネット暴力などの社会問題を描いていると評されたこの作品も、原作はウェブトゥーンだ。

ドラマのクオリティが劇的に上がった理由

海外に市場を求め、ドラマのジャンルが細分化し、制作会社の形態がスタジオ形式へと変わった。しかしこの外形的な変化だけでは、韓国ドラマのクオリティが目を見張るほどに上がり、Netflixなどを通して世界中で楽しまれるようになったことの理由はとうてい説明できないだろう。いったいなぜなのか。ドラマ制作関係者に訊くとこんな答えが返ってきた。

「韓国ドラマは、投資額に比べて完成度が高いとよく言われます。投資する側にとっては韓国のヒット作はまずコストが米国と比べて安い。そういう一面もあるのですが、なぜ韓国ドラマが世界でウケているかというと、それは韓国ドラマの内容が普遍性を持っているからです。そして他国と異なる韓国的なもの、ローカル色も合わせ持っているというのが強みではないでしょうか」

たとえば、二〇一九年にNetflixで人気となった朝鮮王朝時代を舞台にしたゾンビものの韓国ドラマ『キングダム』。

王の死を伏せ天下を牛耳ろうと謀《はか》る重臣らと、王の息子である王世子（皇太子）との権力闘争が基本のストーリーだ。ゾンビとなった王に殺された者の遺体から感染が広がり、ゾンビに追いかけられる人々は馬に乗って逃げる。ゾンビたちが王宮の塀を越えてこないよう塀の上に槍を立て並べる。異色の時代劇ゾンビものは「朝鮮王朝時代のゾンビ」という一行で投資元との交渉もあっという間に決まったという。

そこには、王の権力をめぐる争いという普遍的なドラマ要素やゾンビという世界的なサブカルアイテム、そして朝鮮の宮廷というローカル色がミックスされていた。

こうした高いクオリティのドラマを支えているのは、「高いクオリティの作品が書ける脚本家と、その脚本をグローバルな水準にまで引き上げられる演出家。そして彼らの存在を支持する辛口の視聴者の存在でしょう」（同前）。

韓国のドラマはそれぞれ公式ＨＰを持っている。そこには視聴者が書き込める掲示板が必ずある。視聴しながら、ドラマのストーリーや俳優の演技に賞賛も批判も多く書き込まれ、制作者側は常に視聴者の反応を参考にし、作品に反映させるという挑戦をしてきた。

「制作側としては、何を勝手なことを言ってと思う時もあるし、しんどい部分もあるのですが、なるほどと思わせる意見も多い。そうした意見は次の作品で取り入れて、それで反応が良ければバージョンアップすることを繰り返してきました。韓国はともかくドラマを大量に作ってきましたから、日々トレーニングをしているようなもので、これでクオリティが上がらないわけがないのです」（同前）

二〇二一年五月三一日、ＣＪ　ＥＮＭは今後五年の間にドラマコンテンツ制作へ五兆ウォン（約五〇〇〇億円）の投資を行うことを発表した。これは、二〇二〇年一〇月にＣＪグループが設立した映像配信サービス「ＴＶＩＮＧ」を成功させるためとみられた。先行する同様のサービスであるNetflixは、ドラマ制作に多額の投資が受けられ、グローバルに展開できるという長所がある反面、著作権はすべてNetflixが保有するため、その利益の分け前に与《あずか》れないことが以前から指摘されてきた。

二〇二一年一〇月、Netflixオリジナルの韓国ドラマ『イカゲーム』が、Netflixを視聴可能な八三カ国すべてで視聴回数トップを記録した。ＣＮＮやＢＢＣなどの外信も絶賛し、ブルームバーグは「韓国のクリエーターはハリウッドのライバルとなった」と報じた。こうしたニュースはNetflix社の株価を一時押し上げ、韓国では同社が韓国の映像コンテンツへさらなる投資を行うだろうという予測が流れた。しかし当の韓国のドラマ界からは、「利益はNetflixが持って行く。『イカゲーム』はあれだけ人気でも韓国は儲からない」とぼやく声が漏れた。

こんな事情から、自前でNetflixのようなサービスを作ってしまおうというのが「ＴＶＩＮＧ」なのだ。その試みの成否はこれからにかかっている。

韓国政府のエンタメ産業支援

韓国エンタメ産業を牽引するＣＪグループのトップであるイ・ミギョン、ジェヒョン姉弟は常々こんな目標を語っていたという。

「世界中の人々が、毎年二～三編の韓国映画を観て、月に一～二回ほど韓国料理を食べ、週に一～二作品の韓国ドラマを楽しみ、毎日一～二曲の韓国音楽を聴くように、日常生活の中に韓国文化が溶け込むこと」

韓国エンタメの海外輸出と、「韓国のエンタメが国際的に認められてほしい」という韓国の人々の強い思いとが密接な関係にあることが読み取れる発言だが、韓国政府も、文化輸出に手厚い支援を行ってきた。

韓国政府のエンタメ産業支援は、「文化の輸出」と「韓国の国際イメージ向上」の目的とが結びついている。それもあって、大統領がかわっても、そのたびに文化輸出を重要視する政策が打ち出され、継続した国家方針であり続けてきた。

韓国で広範囲な文化産業に予算がついたのは一九九四年からといわれる。

前年（九三年）、全世界でアメリカ映画『ジュラシック・パーク』が大ヒットとなり、世界での興行収入は約一〇億ドル（約一〇〇〇億円）となった。韓国では当時、「『ジュラシック・パーク』の興行収入は現代自動車一五〇万台に相当する」と計算され「韓国内でも映像産業を育成すべき」と大統領の諮問機関が九四年、当時の金泳三《キムヨンサム》大統領に報告したという。

本格的な支援は次の金大中《キムデジュン》大統領時代からで、バックアップする公的機関が次々とつくられた。

自身も映画好きとして知られた金大中大統領は、九八年の就任以前から「文化は基幹産業」と口癖のように唱えており、就任早々「文化立国」を宣言した。

その直後の別の機会にも、大統領は「二一世紀は知識と情報の時代であり、文化・観光の時代」とし、高付加価値を創出する「二一世紀の核心的な基幹産業の競争における勝者になりましょう」と語っている。

文化産業支援の法体系は九九年に整い、国の傘下機関、現在の「韓国コンテンツ振興院」の前身などができていく。「文化体育部（部は日本の省庁にあたる）」は「文化体育観光部」となり組織改編された。

映画では、人材育成や制作支援などの目的から金大中大統領時代に一五〇〇億ウォン（約一五〇億円）の投資支援制度ができ、二〇〇六年には盧武鉉《ノムヒョン》政権下で四〇〇〇億ウォン規模の「韓国映画発展基金」が立ち上がっている。

この〇六年の映画産業への大型基金が発足した背景には、「クォーター制度」の変更があった。

クォーター制度とは、映画館に韓国映画の上映を義務付ける法律だ。国産映画の保護を目的として、韓国では一九六七年から始まり、九六年に改正されてからは年に一四六日（軽減規定により実質一〇六日）は国産映画を上映しなければならなかった。

しかし、〇六年の米韓FTA交渉で、アメリカはクォーター制度を韓国市場の障壁として縮小を要求、韓国はそれを呑み、制度は年に七三日と二分の一に縮小された。

この義務上映の縮小が韓国映画界から激しい反発を受けたことで、代替策として韓国映画発展基金が作られたのだ。

このクォーター制度についてはイタリアやスペインなどでも取り入れられているが、近年韓国では量産によって映画の質が落ちるという視点から、長い目で見ると世界での競争力低下につながるという批判も出されている。

最近では映画館ではなく、動画配信サービスなどで見る人も増え、かつてのような重要性は薄れてきたとはいえ、韓国政府のこうした支援により、現在まで映画産業で働く人材の環境が整えられてきたことは間違いない。

ドラマについては、二〇一〇年頃から支援が始まった。その規模は全体のコンテンツ支援の予算の一〇分の一ほどといわれている。

ドラマファンドもあり、政府関係者によれば、民間企業が運営するものとしているが、民間六に対して政府が四出資しており、ドラマ制作にも公的資金が注入されている。李明博《イミョンバク》大統領時代の二〇〇九年には、それまでコンテンツごとに分かれていた組織を統合し、「韓国コンテンツ振興院」としてあらたに出帆した。Ｋ－ＰＯＰ、映画、ドラマ、マンガやゲームなど韓国エンタメコンテンツの海外輸出とＰＲを政府が強力にバックアップする組織だ。またコンテンツの輸出先の海外メディア企業にまで補助金を出している。コンテンツ振興院の予算規模は、年々増え続け、二〇二一年には前年から五四四億増の四八四二億ウォン規模になっている。

しかし、「韓流」ブームは、あくまでコンテンツの実力の賜物と政府関係者は念を押す。

「韓国の文化支援政策は日本で誤解されていますが、『韓流』ブームは国を挙げての支援によって生まれたわけではありません。『韓流』ブームの流れを変えたキラーコンテンツといわれる、たとえば『冬のソナタ』やＢｏＡには公的支援は入っていません。公的機関はあくまでも後方支援の役割です。市場を直接動かすものではなく、ブームを後押しするよう、持続できるように支援しています」

ドラマ制作関係者も政府支援のブームへの貢献には否定的だ。

「こちらが制作してきて成功した後に支援策を次々と出してくる。すべてお膳だてが調《ととの》った後に箸をそえるようなものです」

ただ、映画に関していえば、日本での映画に関する公的支援は六〇億円ほどというから、比較にならないほどの手厚さだろう。

KCON　民間による韓国文化輸出支援

韓国映画の世界的な成功により、映画産業を支援する民間の投資ファンドも生まれている。金融大手のウリ銀行は、二〇一七年に中堅の投資会社と手を組んで一一〇億ウォン（約一一億円）規模の映画投資ファンドをつくった。同ファンドは『タクシー運転手　約束は海を越えて』（二〇一七年）などに投資して成功。『パラサイト　半地下の家族』にも一二億ウォン投資している。こうした動きは『パラサイト　半地下の家族』のアカデミー賞受賞からさらに加速しているといわれる。

また、前出のCJグループは、韓国の文化輸出でも大きな役割を果たしている。イ・ミギョン同グループ副会長の肝入りで開催しているK-カルチャーフェスティバル、「KCON」もそのひとつだろう。

ＫＣＯＮは、さまざまなＫ－ＰＯＰスターが参加するコンサートイベント。韓国政府や他の韓国企業とも組んで、Ｋ－ＰＯＰだけではなく、韓国の食や美容、文化を広めることも目的に、コンサートに合わせて韓国フードフェスティバルなど様々なイベントを行っている。

ＣＪグループのアメリカ音楽市場攻略の足掛かりとして、二〇一二年からニューヨークとロサンゼルスで始まり、アメリカでの成功を弾みに一五年からは日本やオーストラリア、メキシコ、タイなど世界各地、複数の地域で開催されている。二〇年からは新型コロナウイルスの世界的流行もあり、オンラインで開催している。

Ｋ－ＰＯＰやドラマなど、韓国のエンタメコンテンツはそれまでアジアを中心に展開していたが、ＫＣＯＮでは、米国人消費者の動向を徹底的にマーケティングしており、ファンとのコミュニケーションを重要視しているのが特徴だ。

「ＢＴＳ」も二〇一四年に初めてこのＫＣＯＮのステージに立っている。YouTubeなどで存在を知ったファンが生のライブを聴いて熱狂し、〝予想外〟の好反応を得たといわれる。

ＫＣＯＮ主要スタッフのひとり、キム・ドンヒョン氏（ＣＪ ＥＮＭ音楽コンベンション事業部門・チーム長。肩書は当時）は、日本メディアのインタビューで、BTSの世界的な人気には自分たちの寄与もあったのではないかと口にしながら、こう話している。

「『KCON』では全てのアーティストに公平な機会をまず与え、『KCON』後の反応が良かったアーティストには様々なプログラムでサポートし、翌年にはまた全てのアーティストに公平なチャンスを与え……というのを繰り返しています。『KCON』をベースにして、より容易に海外に進出してもらいたいと思っています」（『Real Sound』二〇一九年五月二三日）

成功している政府の「投資」

韓国コンテンツ振興院による、韓国のコンテンツ産業の輸出総額は、二〇〇五年の約一三億ドルから二〇二〇年には約一〇八億ドルとおよそ八倍に膨らんでいる。そのうち七割ほどを「（オンライン）ゲーム」が占め、韓国政府はゲーム産業への支援も強化しているが、その他の「音楽」、「放送」、「映画」なども大きく数字を伸ばしている。

政府による支援も、投資と考えれば大きなリターンを生んでいることがわかる。

二一世紀に、韓国のエンタメが世界的な成功を収めるまでの幾つかのターニングポイントを見てきた。

八〇年代末の民主化による表現の自由の獲得とそのエネルギーの広がり。それに伴うエンタメ産業の新たなシステムへの模索。九〇年代末の経済危機による海外への進出と産業構造の転換によるＩＴ化。二〇〇〇年代以降の世界のデジタル社会化。そして、政府の韓国文化支援策という下支え。複数の要素が絡み合って、韓国のエンタメの現在の成功につながっている。

次章では、近年Ｋ-ＰＯＰを動かしたキーマンをクローズアップしてみたい。

第四章　K－POP界のキーマン

金のスプーン、土のスプーン

韓国の音楽事務所数は二〇〇〇社以上（二〇二一芸能企画社住所録、『アイドル年鑑２０１５』などから）。韓国で一年にデビューするアイドルグループは、五〇組以上といわれる。

二〇一〇年のオーディション番組「スーパースターK」には約一三四万人もの応募があった。オーディションは「スーパースターK」だけではないが、そこから推算すれば、歌手志望の若者たちは膨大にいることが簡単に推測できる。

デビューするにはまず音楽事務所の練習生にならなければいけないが、大手事務所に入るのは狭き門だ。大手といわず、どこかの音楽事務所に合格した後も、鎬《しのぎ》を削る練習生は星の数ほどいる。そこからデビューできるのもほんの一握りで、運良くデビューできても、生き残ることができるのは、ごくごく少数の者だけだ。

熾烈《しれつ》な超競争世界。実力がなければ淘汰される。それはエンタメ産業で働く者たちにとっては、世界どこでも共通の価値観だろう。しかし、そうした競争があるからこそ、すばらしいアーティストも生まれる。そして、そんな苛酷な世界であっても、挑戦する若者は絶えない。

一九九七年の経済危機と続くＩＭＦショックによる韓国の産業構造の変化は、非正規雇用層の拡大を招き、韓国の人々はこの時から本格的な「競争社会」へと放り込まれた。

二〇一五年、大学生が選んだ「その年の新造語」は「スプーン階級論」だった。

ＳＮＳから生まれた韓国独特の表現で、「金、銀、銅、土（泥）」と親の資産と所得によって階級が分かれているとされるもの。もともとネット用語だけにその基準は曖昧だが、韓国の全国紙「中央日報」が紹介する基準を引こう。

「金のスプーン」：資産二〇億ウォン（約二億円）または年収二億ウォン（約二〇〇〇万円）以上
「銀のスプーン」：資産一〇億ウォンまたは年収八〇〇〇万ウォン以上
「銅のスプーン」：資産五億ウォンまたは年収五五〇〇万ウォン以上

「土（泥）のスプーン」：資産五〇〇〇万ウォンまたは年収二〇〇〇万ウォン未満

――裕福な親のもと苦労せずに育ち、親の人脈を駆使して大学や企業に入るのに有利な「金のスプーン」がいる一方で、金銭的な余裕がなく塾にも行けずコネクションもなく、アルバイトしながら大学に通い懸命に努力しても夢が叶わない「土のスプーン」出身もいる、といったように使われた。

前出のCJグループのイ姉弟などの財閥の子女は「金のスプーン」のさらに上の「ダイヤモンドのスプーン」ともいわれる。

こうした格差の認識は韓国の大学入試制度がかわったことで、さらに広がったといわれる。

韓国では二〇〇八年に「入学査定官制度（アドミッションオフィサー制）」が導入された。これはアメリカの受験システムに倣《なら》ったもので、一度の試験の点数だけでは生徒のポテンシャルは計れないとして、高校三年間の「学校生活記録簿」が重要視されるようになった。

韓国最高峰ソウル大学が最初に導入し、この制度で大学に入学する生徒は七割にものぼるといわれている。一九年秋に韓国で起きた文在寅《ムンジェイン》大統領の側近、曺国《チョグク》元法相の子女の記録簿を巡る不正入学問題はこの制度を背景にしたものだ。

記録簿には、成績や生活態度も含まれるが、それよりもどんな「スペック（仕様から転じて資格・技能）」を積んだかが重要視される。どんな目標を持ち、実現させるためにどのような活動をしてきたのか。医者を目指しているのであれば、研究所でアルバイトしたり、弁護士志望であれば弁護士事務所を見学したり、友人と模擬裁判をやってみたり。こうした「スペック」獲得には、当然親のネットワークがものをいう。

進学校では親の職業や出身大学別のグループに分かれ、グループ内では大学ごとにどんな「スペック」が必要で有効かといった情報を共有するが、他のグループには絶対に教えないという。どの大学でどんなスペックが求められているかについて講義する塾もある。もちろん、試験で名門大学に入学する学生もいる。しかし、成績が多少振るわなくとも、華やかで見栄えのいい「スペック」さえ積んでいれば名門大学に入ることもできるのだ。

前に触れた曺国元法相の夫人は子女のスペックを偽造した罪などで逮捕され、控訴審で懲役四年が言い渡された（これを不服として上告している）。この裁判では量刑よりも判決文の内容が注目された。判決文には、曺国元法相夫人がどうスペックを作り、積み上げたかが詳しく記載されており、教育熱心な保護者の間で話題となり、検察担当の新聞記者の元には出版社から判決文を元にした本を出さないかという依頼まで舞い込んだという。

そうした大学入試制度の変化もあり、土のスプーン出身者が学校教育の階段をただ上がるだけでも大変になってしまった。厳しい競争社会の一方で、出身階層から這い上がって社会的成功を得るという〝夢〟を叶えることは並大抵のことではなくなった。

若者に投資する事務所

このような社会のなかで、エンタメ産業界は、生まれ育った環境も学歴も不問で成功を掴める世界に映る。

事務所側も成功が期待できそうな若者への投資に積極的になる。ハイリスクだが、世界で成功した時のリターンは巨額にのぼる。

二〇二〇年度のＨＹＢＥ社の売上高は七九六二億ウォン（約七九六億円）、営業利益は一四五五億ウォン（約一四五億円）。この中で「ＢＴＳ」の比重はほぼ九割と言われ、ＢＴＳあってのＨＹＢＥ社というのがよく分かる。同社にはＢＴＳの他に後進グループが所属しているが、ＢＴＳがいなければ、現況の一割程度の規模の事務所だったという計算になる。

ちなみにＫ‐ＰＯＰの先駆者ＳＭ社の二〇二〇年度の売上高は五七九八億ウォン（約五七九億円）、営業利益はコロナ禍でエンタテインメント事業が落ち込み一九年の四〇四億ウォンから大幅減の六五億ウォンだった。二〇二一年の営業利益は九〇〇億ウォンほどを見込むが、ＨＹＢＥ社の見込額の二分の一ほどだ。ＢＴＳのグローバルな人気がどれほど巨大かが分かる。韓国の現代経済研究院は、ＢＴＳのデビューから二〇二三年までの一〇年間で五六兆ウォンの経済波及効果をもたらすだろうと推算している。ちなみに文化体育観光部は二〇二〇年に米ビルボードＨＯＴ１００で一位となった「Dynamite」一曲で、一兆七〇〇〇億ウォンの経済波及効果をもたらしたと推算している。

「インキュベーションシステム」

ＳＭ社の育てた「ＢｏＡ」の日本での成功によって、同社の「インキュベーションシステム」は次々と他の事務所にも広がった。

このシステムはＫ‐ＰＯＰアーティスト成功の秘訣として現在ではよく知られている。原石となるアイドル、アーティスト志望者を応募やスカウトで集め、事務所のオーディションで選抜した後、合宿生活をさせながら管理し、ダンスやボイストレーニング、そして海外進出のための語学レッスン、演技指導、スターとしてのマナー教育などを数年間みっちり施す。その研修のなかでメンバーを絞り、デビューさせるシステムだ。日々の練習量は十数時間にも及ぶといわれる。

九〇年代までのアーティスト発掘は、テレビ局の俳優オーディションやミスコン、街角でのスカウトが主流だった。しかしそうした方法での新人契約は事務所間の競争率が高く、また運にたよる部分が多く安定しなかった。

そこで、事務所が有利な立場で契約することができ、才能と実力のあるタレントを自前で確保、プロデュースできるこのトレーニングシステムが韓国のエンタメ界に普及した。近年では関連会社として「アーティスト・スクール」を設立するケースもみられる。

インキュベーションシステムをはじめたＳＭ社は日本のアイドルも研究し、ジャニーズのアイドル養成・自社プロデュースにも学んだため、両者の育成方法には共通する要素も多い。しかしその後、韓国のエンタメ界は、目標をグローバル市場へとシフトしていった。そのため、育成されるアーティストの姿は、まずパフォーマーとしての完成度が求められ、そうしたテクニック以上に〝タレント性〟を重視する日本と大きく異なっている。

韓国の音楽事務所とアーティストとの契約期間は最長七年と長い。これはデビュー前の平均四～五年といわれるトレーニング期間でかかる費用を事務所側が負担しているため、その〝投資〟をデビュー後に回収したうえで利益を上げるためだ。

かつては一〇年以上の契約もザラで、「奴隷契約」とも呼ばれた。二〇〇九年、「東方神起」の一部のメンバーと所属事務所のＳＭ社間で専属契約を巡り、訴訟が起きた。これは、五人のメンバーのうち三人が一三年間の専属契約を違法として、ＳＭ社に対して専属契約効力停止の仮処分を申し立てたものだ。

この訴訟は社会問題にもなり、公正取引委員会が調査に入った。それ以降、契約期間が見直されることになる。

現在では契約期間は七年が最長とされ、ほとんどの事務所がこの契約期間を設定している。この契約更改のタイミングで、グループから脱退して別の事務所に移籍するメンバーも多く、「七年のジンクス」といわれるほどだ。最悪の場合はグループ全員が移籍してしまうケースもある。「ＢＴＳ」は二〇二〇年にメンバー全員が揃って契約を更新し、さらに七年間延長したことで、韓国では話題になった。

「名門大学」出身のアーティスト、パク・ジニョン

二〇二〇年、図らずもK-POPのキーマンとして浮上したのはパク・ジニョン氏とパン・シヒョク氏だった。

「NiziU」の公開オーディションで日本でも広く知られるようになったパク・ジニョン氏は、かつてSM社とYG社に並んで「三大事務所」と呼ばれ、現在でも、TWICEやNiziUなどを擁する韓国のエンタメ産業の大手事務所の一角、JYP社の創業者（現CO O、チーフ・クリエイティブ・オフィサー）だ。パン・シヒョク氏はBTSを見出したHYBE社の創業者（現理事会議長）。このふたりは同世代なだけでなく、以前からの「盟友」でもあった。

パク・ジニョン氏は、もともとアーティストとして出発している。

一九七一年生まれ、父親が大手企業に勤める家庭で育ち、私立の名門延世《ヨンセ》大学理工学部地質学科（現在は、理科学部地球システム科学科）を卒業した。プロデュース側には高学歴も珍しくないが、日本でいえば慶應大学にあたる大学を卒業した〝高学歴〟のパフォーマーとして、韓国のエンタメ界では一目置かれた。

幼い頃からピアノに親しみ、母親がコメを研ぐリズムに合わせて踊っていたといい、小学生の時に父親の転勤でアメリカに二年半ほど滞在した際、マイケル・ジャクソンに魅了され、「ソウル、ファンク、ディスコ、ブルースなどすべてのアーバンミュージックを熱烈に愛するようになった」と、自叙伝的エッセイ集『何のために生きているのですか？』で語っている。

大学在学中に熱心に通っていたディスコでＤＪにスカウトされ芸能界入り。スカウトしたのは、当時有名なディスコＤＪで、パク氏はその人物のもとで作曲を学びながらデビューの機会を窺っていた。しかしゴリラに似た顔立ちで餅好きなことから「餅ゴリ」の愛称もある個性的な風貌のパク氏はなかなかデビューができなかった。

一九九四年にソロデビューにこぎ着けると、自身が作ったデビュー曲がテレビＣＭに採用されて、たちまちスターダムを駆け上がる。

人気スターになってからのパク氏にはエピソードが多い。

九〇年代、まだ保守的な空気が残り、サングラスや金髪などがとがめられたテレビ番組で、パク氏は下着の上に透明のビニ！ル製の衣装をまとって舞台に立ち、物議をかもした。今でも、韓国の四〇代以上には、「パク氏といえばビニール衣装」を連想する人は少なくない。

JYP社代表パク・ジニョン氏とTWICEのメンバー。左端は台湾人のツウィ（第八章参照）（2016年、アフロ）

また、金大中元大統領時代、青瓦台（大統領府）が主催した「次世代の成長動力報告会」という式典に招待された際には、スケスケの網シャツと革のパンツという出で立ちで現れた。ステージ衣装に着替える予定だったが、周囲の参加者に自分の姿を嘲笑されたことから、そのままの姿でレセプションのステージに立った。当時の韓国メディアは「パク・ジニョン青瓦台衣装テロ」と報じている。

さらには、女性だけにセクシーさを強要する「性の商品化」の女性差別に反発し、自身も、Tシャツを脱いでいく過程を連写した写真を雑誌に掲載して話題になったこともある。最後の一枚は屈《かが》んだ姿の、腰回りがかろうじて見えないセミヌード姿だった。

現在もＪＹＰの経営者でありながら、現役のアーティストとしても活動しており、韓国では「永遠のタンタラ」と呼ばれている。「タンタラ」とは、〝芸を売り、カネを稼ぐ者〟といったニュアンスで、かつては芸能人を卑《いや》しんで使われた言葉だった。しかし現代では「芸に精通したエンタテイナー」や「芸に徹した芸人」のような意味合いに転じて、パク氏自身もその呼称を好んでいる。

経営者のカラーが色濃く出る事務所

一九九七年に、パク氏が所属していた事務所の倒産を機に、自ら立ち上げたのが現在の「ＪＹＰ社」だ。

一九九〇年代の半ば、韓国には「第一次アイドル時代」が到来していた。

ＪＹＰ社もその波に乗り、二〇〇一年には、男性ソロの「ピ（日本ではレイン）」をデビューさせ人気を獲得、翌年には公開オーディションでガールズグループのメンバーを選抜し、〇七年、満を持して五人組（当時）のガールズグループ「ワンダーガールズ」をデビューさせると、韓国ではたちまちスターとなり、パク氏が作詞作曲した「Tell Me」は爆発的な大ヒットとなった。

そしてそのヒット曲をひっさげてアメリカ進出を図ったが、あえなく失敗。「ピで稼いだ資金をすべて失った」ともいわれ、経営危機説まで囁《ささや》かれた。この時はパク氏へ決定権が集中していた同社のシステムが槍玉に挙げられた。

　その後、経営危機をなんとか乗り切ったＪＹＰ社は、外国人メンバーを初めて入れた六人組ボーイズグループ「２ＰＭ」（〇八年デビュー）、日本人メンバー三人と台湾人メンバー一人を含む九人組ガールズグループ「ＴＷＩＣＥ」（一五年デビュー）で成功を収めた。

　ＪＹＰ社は、創業者パク氏の価値観が強く反映されていることで知られている。「良いアイデアは疲れ切った体からは生まれない」と、〝従業員の健康が第一〟を掲げ、いつでも相談できるメンタルケア担当の医師を置き、残業を減らすワーク・ライフ・バランスを奨励しているという。二〇一八年に完成した新社屋にはオーガニック食堂も設けている。またユニークなところでは、女性が接客する飲食店への接待目的の出入りを社員に禁ずるなど、他の事務所と一線を画している。

　ＪＹＰ社の運営は、「パク氏の感性経営」ともいわれるが、ただ、一方でパク氏の色があまりにも濃く、「何をやっても、どんなグループもＪＹＰ化してしまう」（芸能部記者）という批判も出ている。

　このＪＹＰ社の一九九七年の立ち上げ時に、スタッフとして入社したのがパン・シヒョク氏だ。パク・ジニョン氏が作曲家を募集した際、応募してきたのがパン・シヒョク氏で、ＪＹＰ社の創業期のメンバーは、パク氏、パン氏、マネジャーの三人だった。

経営者兼作曲家、パン・シヒョク

「ＢＴＳ」のメンバーを見出し育てたことで知られるＨＹＢＥ社の創業者パン・シヒョク氏は、当初は事務所の経営者としてより、作曲家として有名だった。

　韓国では、ピ（レイン）や男性アイドルグループ２ＡＭ、２ＰＭ、バラードの女王といわれたペク・チヨンなどに楽曲を提供し数々のヒット曲を生み出した。今もＢＴＳの楽曲作りに参加している。

　一九七二年生まれ。名門ソウル大学美学科卒。父親は官僚出身で、裕福な家庭に育った。ちなみに、パン氏の従兄でパン氏とともにＨＹＢＥ社の二大株主であるＩＴ企業「ネットマーブル」のＣＥＯパン・ジュンヒョク氏の家庭は貧しかったといわれ、高校も中退していることから「土のスプーン出身」といわれている。

　中学生の頃からバンドを組んでいたパン・シヒョク氏は大学に入ってから本格的な音楽活動をはじめ、一九九六年には韓国で有名な作曲家賞も受賞している。幼少の頃から無類の本好きで、日本の村上春樹のファン、漫画好きとしても知られる。

一九九七年にパク・ジニョン氏が立ち上げたＪＹＰ社に合流する。パン・シヒョク氏のことをパク氏は自著『何のために生きているのですか？』でこんな風に語っている。

「シヒョクは一つ下のトンセン（年齢が下の後輩を男女共に親しみをこめてこう呼ぶ。直訳では弟や妹の意味）だったが、見るなり本当に不思議な気持ちになった。新人作曲家がスター歌手だった私に気に入られようとすることもなく、ふくれっ面をしていて、ぶっきらぼうに話す。私はそれがとても面白くて、むしろもっと信頼がおけた」

「シヒョクと私は好みがとても違ったが、ふたりを結びつけた共通点があった。ふたりともＮｅｒｄ《ナード》（オタク。本では、括弧書きで「つまらないガリ勉」としている）なことだった。普通ならイライラするような論理的な分析や推論を何時間もかけてすることが嫌いではなく、感情や考えを論理に置き換えて話すという面も似ていた」

パン氏は二〇〇五年にＪＹＰ社から独立し、ＨＹＢＥ社の前身Big Hit エンタテインメントを設立した。ＪＹＰ社から独立した経緯については、アメリカにビジネスで渡った際、「靴下の洗濯の仕方で言い合いになったから」など、両者とも成功者となった今では、裏のとりようのない諸々の話が面白おかしく語られている。

両者の関係はいまでも良好なようで、パン氏は、「プロデュースについてはパク・ジニョンにすべて学んだ」と二〇一六年、ＡＡＡ（アジア・アーティスト・アワード、韓国でのＫ-ＰＯＰと韓国ドラマ分野での授賞式。韓国メディア「STAR NEWS」主催）「ベストプロデューサー賞」を受賞した式で語っている。独立後もＪＹＰのアーティストのプロデュース業を引き続きこなしつつ、自身の事務所を経営することになる。

しかしパン氏が独立した当時、彼の事務所は「土のスプーン事務所」と後にたとえられるような、韓国エンタメ界ではちっぽけな存在だった。ＢＴＳが成功するまでしばらく雌伏の時を過ごすことになる。

泡沫と見られていたＢＴＳ

「ＢＴＳ」は、パン氏の事務所が手掛けた初めてのボーイズグループだ。パン氏は韓国テレビのドキュメンタリーでデビュー前をこう振り返った。

「（ＢＴＳの）メンバーは当時、みな地方から出てきたばかりの少年たちで、ビルボードチャートが狙えるなんて考えてもいなかった。ただ、このきらきらした才能を持ったメンバーと意味のあることを作り上げられるという確信はあった」（「明見萬里」ＫＢＳ、二〇

一八年二月二三日）

とはいえ、二〇一三年にデビューし、翌一四年に日本にデビューしたＢＴＳ（当時は「防弾少年団《バンタンソニョンダン》」。二〇一七年から呼称を世界市場向けに頭文字のＢＴＳに統一）は、この時点ではまだ小さな事務所の泡沫グループと見られていた。

ＢＴＳ自身もデビューまもない頃のインタビューで、「最近は新人グループが生き残るのは厳しいという話をよくされますが、わたしたちは必ず生き残って大衆から愛されるグループになります」（リーダー、ＲＭの発言。STAR NEWS、二〇一三年六月一三日）と語っている。「生き残る」というところに切実さがにじみ出ている。

当時人気絶頂だったのは、ＹＧ社所属の五人組ヒップホップボーイズグループ「ＢＩＧＢＡＮＧ」だ。ＢＩＧＢＡＮＧをロールモデルにしているというコメントも同記事には添えられていたが、そんな言葉尻をとらえて「お前らがＢＩＧＢＡＮＧのようになれると思っているのか」といった、辛辣な声もたくさんあったという。

弱小事務所のため、ラジオ出演もままならなかった。テレビ出演も他の歌手がキャンセルになった穴埋めくらいしかなかった。他の大手事務所所属のアイドルグループのファンからは、「土のスプーン事務所出身グループ」と揶揄されていたという。

通常、大手事務所であれば、潤沢な資金による億単位のプロモーションが行われる。しかしＢＴＳの事務所にはそんな資金はなかった。そのため、YouTubeやＳＮＳといったネットサービスを積極的に使い、パフォーマンスや日常の投稿を続けながら、ファンとのつながりを増やしていった。

　ＢＴＳの韓国でのブレイクは、デビューから二年後の二〇一五年だといわれる。しかし母国でのブレイクよりも前に、アメリカでは一四年には人気の兆《きざ》しが見られていた。同年七月アメリカでゲリラコンサートを行い（この時にはメンバー自ら街頭に出てチケットを販売したという）、続いて八月「ＫＣＯＮ」に出演した際、そのステージパフォーマンスがアメリカのファンに熱狂的に受け入れられた。この年、ビルボードの「ワールドアルバムチャート」で三位に名前が上がっている。

　その後のファンの熱烈な応援活動によるグローバルスターへの道はこれまで触れてきた通りだ。

　ＨＹＢＥ社のアーティストのあり方の特徴は、アーティスト自身が常に作品制作に関わっていることにあると指摘される。他社でも同じような動きはあるが、ＢＴＳは楽曲づくりに自分たちで取り組んでおり、ミュージックビデオ制作のミーティングに参加するなど、他の事務所よりアーティストの意向や発言が尊重されている。事務所から徹底管理される練習生時代にメンバーが携帯電話を持っていたことは有名だ。これは他社の練習生には考えられない待遇で、韓国紙記者が「管理できるのか」と訊いた際、パン氏は「成功したければ自らコントロールする」と語ったという。事務所からの管理を最低限にとどめ、「自律性」を重んじる。これは、ＢＴＳが成功したキーワードのひとつになっている。

デビュー当時のBTS（防弾少年団）のパフォーマンス（2013年、REX／アフロ）

一七年からは「ＬＯＶＥ ＭＹＳＥＬＦ」という子どもに対する暴力撲滅キャンペーンを展開し、このキャンペーンを通じてユニセフの活動にも参加している。一八年にはユニセフのグローバルサポーターとして国連から招待され、ニューヨークの国連本部で英語で演説をし、自分たちが紆余曲折を経ながら今に至ったその歩みを語りながら「自分自身を語ろう」と呼びかけ、共感を呼んだ。

国連からはその後二〇二〇年、二一年にも招待を受けている。

日韓コラボ「NiziU」と「ＪＹＰ２・０」

二〇二〇年、ＢＴＳと並んで、日本のエンタメ界の話題をさらったのは、日本人Ｋ－ＰＯＰガールズグループ「NiziU」だった。

NiziUは、パク・ジニョン氏の率いるＪＹＰ社と日本のソニーミュージックとが共同で企画した公開オーディション・リアリティ番組「Nizi（虹）Project」から誕生した。

彼女たちの活動の場は日本がメインだが、ＪＹＰ社所属グループとしてグローバル市場も視野に入れているとし、デビュー前の彼女たちの人気は尋常ではなかった。

二〇二〇年六月に公開されたプレデビューアルバムはビルボードジャパンのチャートＨＯＴ１００で二カ月にわたって一〇位圏内を維持し、YouTubeのミュージックビデオも一億再生を突破するなど公式デビュー（二〇二〇年一二月二日）前から大きな話題となった。

NiziUの候補生たちの審査、育成にかかわったのが、Nizi Projectの総合プロデューサー、J.Y.Parkことパク・ジニョン氏だ。

オーディションでパク氏が参加者に語りかけた的確なアドバイスや相手を思っての叱咤の言葉は視聴者の共感を呼んだ。「先生になってほしい」という一〇代のみならず、「理想の上司」としてビジネスパーソンの心をも引きつけていた。

　そのパク・ジニョン氏は、二〇一八年七月、新社屋移転に伴い「JYP2・0」という社のこれからのビジョンやグローバル戦略を発表した。ここで、K-POPについてこう話していた。

「第一ステージはK-POPを海外に送り出すこと。第二ステージは海外の人材をK-POPアーティストにブレンドすること（グループに海外出身のメンバーを入れる）。そして、第三のステージはK-POPのローカライズ（現地化）で、海外で人材を育て、プロデュースしデビューさせること」

　この第三ステージの一歩が、Nizi Projectに当たる。韓国のあるテレビ番組では、K-POPの現地化は「一〇年前から考えていた計画」だったことを明かしている。NiziUのような現地で人材を調達しK-POPのスタイルで育成したアイドルグループの結成を、アメリカでも試みる計画で、今後アメリカでオーディションを開催する予定だと明らかにしている。

　韓国エンタメ産業は、K-POP海外進出の次の一歩を踏み出しはじめている。次章で見ていこう。

第五章　韓国エンタメの次世代戦略

海外メンバーの活躍

Ｋ－ＰＯＰアーティストの海外進出は今では珍しくなくなった。グループには韓国以外の出身者が入り、多国籍の構成だ。もちろん、デビュー時から海外進出を意識してのことだ。

Ｋ－ＰＯＰグループに海外出身のメンバーを加えたのもＳＭ社がさきがけだった。まず一九九七年に同社からデビューした「Ｓ．Ｅ．Ｓ．」には、中学まで日本で育ち帰国した在日韓国人のメンバーや英語が堪能なグアム島出身の韓国人がいた。二〇〇五年にデビューした一三人組のアイドルグループ「ＳＵＰＥＲ ＪＵＮＩＯＲ」には、既存メンバーに中国で選抜したメンバーを加えた中国版、「ＳＵＰＥＲ ＪＵＮＩＯＲ－Ｍ」があった。

他社もこの流れを追った。ＪＹＰ社では、「２ＰＭ」（二〇〇八年デビュー）にはタイ人メンバーが、四人組ガールズグループ「Miss A」（一〇年デビュー）には中国人メンバーが入った。そして九人組ガールズグループ「TWICE」（一五年デビュー）は、日本人メンバー三人と台湾人メンバー一人、韓国人五人で構成されている。

YG社も、四人組のガールズグループ「BLACKPINK」（一六年デビュー）にはタイ人メンバー一人と、オーストラリア育ちの韓国人がいる。BLACKPINKはアメリカで人気を得ており、二〇二〇年にはビルボードのアーティストチャート100でガールズグループとしては初の一位を獲得。YouTubeチャンネル登録者数でこれまでトップだったジャスティン・ビーバーを抜いて世界一位となり、二一年一一月現在、登録者数は七〇〇〇万人を突破している。

英語が堪能なメンバーが多いことから、米国メディアのインタビューも通訳なしで行っていて、実はこれもグローバルに成功できた大きな要因のひとつといわれる。

アメリカ、コーチェラフェスティバルでのBLACKPINKのライブ（2019年、REX／アフロ）

Ｋ‐ＰＯＰグループは、厳しいインキュベーションシステムなどの育成手法やスタイルも似通っていることから、「工場生産されるようにみな没個性で、言われるままに動くアイドル」と認識されていることもあり、特に女性グループについてはこういう批判が常につきまとう。

フランスの「ル・モンド」紙は二〇一一年のＳＭ社のパリ公演の成功について、韓国政府の支援に触れつつ、「輸出可能に製品化された音楽、事務所の企画どおりにキレイにラッピングされた少年少女」と皮肉った。

こうした批判的な見方に対して、ＢＬＡＣＫＰＩＮＫは、最近特に女性に人気の「ガールズクラッシュ（他者に媚《こ》びないスタイルで、同性が惚れこむ魅力を持つ女性）」なキャラクターを持つガールズグループとして、これまでの韓国の女性アイドルとは異なる方向性を見せたといわれる。彼女たちが通訳を介さずに自分たちの言葉で話す姿は、欧州でも好意的に評価されているという。

そして、ＨＹＢＥ社も、二〇二〇年には日本人メンバー一人を擁する七人組のボーイズアイドルグループ「ＥＮＨＹＰＥＮ（エンハイプン）」をプロデュースし、今後、日本とアメリカで現地オーディションを開催することを発表している。

また、二一年九月、グローバルヒット曲「江南《カンナム》スタイル」で知られる歌手ＰＳＹ《サイ》が立ち上げた「ＰＮＡＴＩＯＮ」社とＪＹＰ社が組んだ公開オーディションで誕生したボーイズグループにも、日本人メンバーが入っている（ＪＹＰ社所属のグループに二人、ＰＮＡＴＩＯＮ社所属のグループに一人）。しかも、うち一人は、〇九年一月生まれの当時一二歳で、Ｋ-ＰＯＰ史上最年少といわれた。

いちはやく海外出身者をＫ-ＰＯＰグループに導入したＳＭ社は、二〇二〇年一一月にデジタル時代の次世代アイドルとして「aespa（エスパ）」をプロデュースした。

中国人、日本人メンバーを含む現実の人間四人と、メンバーそれぞれをモデルにしてＣＧで創られたバーチャルキャラクター（アバター）四人の合計八人で構成されたガールズグループだ。グループの名は「アバター」と「エクスペリエンス」を組み合わせたもので「バーチャル世界の、もうひとりの自分（アバター）に出会い、新しい経験をする」というコンセプトだった。

同社六年ぶりのガールズグループデビューとあって注目を集め、デビュー曲のＭＶ（ミュージックビデオ）は評判にもなった。この新しい試みの答えはどうでるだろうか。

「プラットフォーム」を制するＨＹＢＥ社

しかし、韓国エンタメのベテラン記者は「ＳＭ社のアーティストは、次世代のアイドルのカタチではない」と指摘する。

「ＳＭ社がプロデュースするアイドルは、事務所が頭で考え用意したアイドル像をファンに与えるもの。それは一方通行でしかありません。

ＩＴ化が進んだデジタル社会において、アーティストたちに必要とされているものは、〝ファンとの双方向のコミュニケーション〟です。自分たちの言葉で語り、ＳＮＳなどデジタルのサービスを使ったファンとのコミュニケーションを欠かさない、ファンの求めるものを知り、ファンにアプローチできるツールを持った者が生き残っていく。パラダイムは変わったのです」

二〇二一年三月に発刊された『韓流白書２０２０』（韓国国際文化交流振興院刊）にも、海外のＫ－ＰＯＰファンがＫ－ＰＯＰに引かれる理由のひとつに、音楽性やアーティストの魅力の他にアーティストのファンサービスを挙げていることに触れ、これは「Ｋ－ＰＯＰだけが持つ特殊性」と指摘している。

ファンとのコミュニケーションを重視する戦略。そうした点からいえば、韓国エンタメ産業界で一歩先の動きを見せているのはＨＹＢＥ社だろう。

ＢＴＳの成功にともない、多角的な経営を進め、また韓国内の他の音楽事務所を次々と買収し所属アーティストのラインナップを増やしていたその矢先の二〇二一年三月一九日、それまでの「Big Hit エンタテインメント」から「ＨＹＢＥ」に社名を変更することを発表した。ＨＹＢＥとは、「連結、拡張、関係」を表わしているという。社名変更の発表の席で、同社のＣＥＯ（当時）パン・シヒョク氏は、「事業の領域が広がるなかで現在の事業をまとめてこれをつなげ、さらに拡げていける新しい社名の必要性を感じた」（韓国経済新聞、三月二二日）とその背景を語った。

前年の上場時にパン氏は「音楽やアーティストを通して、すべての人々が暮らしにやすらぎを感じてもらえる、最高のエンタテインメント・ライフスタイル・プラットフォーム企業」を目指すことを公言していたが、それが社名にも表れるかたちとなった。

「プラットフォーム」とは、様々なサービスや機能を動かすための共通の基盤、土台のこと。韓国のエンタメ界ではさらに深読みする声もあり、「社名からエンタテインメントという文字を消したことは、音楽事務所からＩＴプラットフォーム企業へ変わる布石では」とも噂された。

ＨＹＢＥ社の二大株主はパン・シヒョク氏（三三・七％）と、モバイルゲーム最大手の「ネットマーブル」（一九・三％）だ。ネットマーブルはパン氏の従兄、パン・ジュンヒョク氏（同社ＣＥＯ）が二〇〇〇年に八人の仲間と共に立ち上げた企業で、現在はＢＴＳ関連のゲームも開発している。

以前からＨＹＢＥ社にはＩＴ分野に対する視野があった。ＨＹＢＥ社の子会社ｂｅＮＸ社は、すでに二〇一九年六月からファン同士やファンとアーティストをつなぐモバイルアプリ「ウィバース（Ｗｅｖｅｒｓｅ）」を展開していた。ウィバースはアーティストのファンのためのＳＮＳ的なサービスだ。さまざまな言語の翻訳機能も持ち、ファンの投稿に対してアーティストからも直接コメントを受け取れることが最大の強みとしている。韓国の大手証券会社は、ウィバースのプラットフォームの価値を六兆ウォン（約六〇〇〇億円）と評価している。

二〇二一年に入ると、ＨＹＢＥ社の野心的な動きが加速化することになる。

まず一月、日本では「ＬＩＮＥ」で知られる韓国の大手ＩＴ企業「ＮＡＶＥＲ」が、ウィバースを運営するｂｅＮＸ社に投資・提携することを発表。ＮＡＶＥＲの展開している「ＶＬＩＶＥ」という動画や情報を配信するサービスをｂｅＮＸ社に譲渡し、ウィバースに統合することになった（ｂｅＮＸ社の社名も、ウィバースカンパニーに変更することになる）。「ＶＬＩＶＥ」はインスタグラムなどに似た、韓国ではよく知られていたサービスだ。多くのアーティストたちがアカウントを持ち、イベントなどの事前告知や写真、動画などをアップしており、ファンならインストール必須というアイテムだ。

さらにＨＹＢＥ社とｂｅＮＸ社は、大手音楽事務所のＹＧ社の子会社「ＹＧ　ＰＬＵＳ」に七〇〇億ウォン（約七〇億円）の投資を行い、ＹＧ社と戦略的パートナーシップを結んだ。ＹＧ　ＰＬＵＳは、アーティストのグッズ製作や小売り、広告を事業としていた会社だ。この提携により、ＹＧ社所属の「ＢＬＡＣＫＰＩＮＫ」も二〇二一年八月二日からウィバースに合流している。

日本に対しても五月、アーティストのＰＶ配信などに強みを持つ「ＳＨＯＷＲＯＯＭ」との資本提携を発表している。

韓国エンタメ界を驚かせたのは、四月、アメリカのエンタテインメント総合グループ「イサカ（Ｉｔｈａｃａ）・ホールディングス」を一〇億五〇〇〇万ドル（約一一五〇億円）で買収したことだ。

イサカ社は、ジャスティン・ビーバーやアリアナ・グランデを擁するマネジメント会社を傘下に置き、マネジメント業以外にも音楽関連の出版、ベンチャー企業支援などさまざまな事業を展開している。

前出のベテラン記者は語る。

「ＨＹＢＥ社の強みは、ファンを広げていく、ファンコミュニティ・プラットフォーム『ウィバース』を保有していることです。イサカ社のような企業にないプラットフォームが彼らに斬新に映った。今後はこうしたデジタルサービスによってスターを誕生させ送り出そうとしている」

韓国の証券業界も、ウィバースにイサカ社が将来性を見たと分析し、「ＩＴ技術とエンタメ産業が融合した新しいビジネスモデルになるかもしれない」と評した。

日本企業の動向にも詳しいＭ＆Ａを専門にしているファンドマネジャーは、「ソフトバンクと似ている」と分析していた。

「ソフトバンクは通信業に軸足を置いた投資企業ですが、ＨＹＢＥ社は音楽産業に軸足を置いて、投資を繰り返しながら事業を拡張していこうとしているように見えます」

ＨＹＢＥ社の韓国内での事業展開は、すべて米国へ、世界へビジネスを広げる〝序章〟だった。前出のベテラン記者は「ＨＹＢＥ社のこの動きによって、韓国内の他の音楽事務所との格差はケタ違いに広がっていくでしょう」と指摘していた。

ＨＹＢＥ社を追うように、ＳＭ社も同社のファンサービスアプリ「バブル（Ｂｕｂｂｌｅ）」に力を入れ始めた。「ＬＩＮＥ」のようなチャット感覚でアーティストのメッセージを受け取り、ファンからも返事を送信できる（アーティスト側は個別の対応をしないが）。同サービスには「少女時代」などが参加している。

ネットサービスの世界では、ＨＹＢＥ社はＹＧ社との協力関係を強めているが、ＳＭ社のバブルにはＪＹＰ社が資本提携し、「NiziU」や「ＴＷＩＣＥ」など自社のアーティストを参入させている。

ＨＹＢＥ社の動きは、韓国のエンタメ界のパラダイムを確実に変えてきている。これまで「海外に進出し、韓国文化を認めてもらう」ことを考えてきた「韓国のエンタメ企業」に、エンタテインメントのプラットフォームを制して「グローバルプレイヤー企業たろう」という視座が生まれたのだ。

そのパラダイムからは、どんなスターが生まれてくるのだろうか。

第六章　アンタッチャブルになった韓流スターたち

韓国エンタメ界のスターたちはデジタル社会の波に乗りグローバルに活躍し、栄光を身にまとうようになった。一方で、ひとたびエンタメ界で事件が起きれば、その衝撃もまた大きなものになる。

本章からは、韓国エンタメ界を揺るがした事件の社会背景について、詳しく見ていきたい。

韓流スターたちがグローバルスターになるにつれて、次第に韓国でも別格の存在として扱われるようになった。事務所の力も大きなものとなり、そんな事務所の中には、「各メディアの芸能担当記者を定期的に招いて食事会をするなどして、記事について便宜を図ってもらい、都合の悪い情報が表に出にくいように記者を管理するところもあった」（韓国紙記者）という。そうして、韓流スターの行動は暗黙のうちにアンタッチャブルな「聖域」のようになってしまった。

そのタブーが破られて韓国エンタメの世界に衝撃が走ったのが、二〇一九年に起きた、「バーニングサン事件」と「盗撮流布事件」だ。光り輝くステージの陰で、韓国のエンタメ界に残っていた前近代的な悪しき慣習にどっぷりと漬かっていたスターらの姿がさらされることになった。

「実業家」になったＢＩＧＢＡＮＧメンバー

二〇一九年が明けてまもなく、韓国エンタメ界を揺るがす事件が明るみに出た。

前触れとなったのは前年一一月下旬の告発だった。五人組ボーイズグループ「ＢＩＧＢＡＮＧ」のメンバー、スンリ（海外名はＶ《ヴィ》．Ｉ《アイ》）が経営していたクラブ「バーニングサン」内で「麻薬販売が行われて」おり、また、「警察との癒着疑惑がある」という内容だった。

告発の主は、スンリが経営するクラブでその直前に起きた暴行事件の被害者だった。この時からスンリに対する麻薬や性接待など疑惑が浮上してネット上で騒ぎとなり、一部メディアがその真偽を追っていた。

スンリは一九九〇年生まれの二九歳（当時）。メンバーとして所属していたＢＩＧＢＡ

ＮＧは、大手事務所のひとつＹＧ社からデビューしたＫ‐ＰＯＰ界のスーパースターヒップホップグループだ。二〇〇六年にデビューし、その一年後にはヒット曲をだして大ブレイク。瞬く間に韓国のトップスターとなった。〇八年からはタイやシンガポールなどでのアジアツアーも開催し、アジアでも絶大な人気を誇った。日本でのメジャーデビューは〇九年。日本では海外アーティストとしては初めて五年連続で五万人を収容する東京ドームでコンサートを開催し、「韓流」ブームを牽引した。「ＢＴＳ」もデビューしたころ、目標としたグループだ。

しかし、二〇一七年からスンリ以外のメンバーが続々と兵役により軍へ入隊し、グループでの活動は一時休止している状態だった。

メンバーの中で年齢がいちばん若かったスンリはソロで活動したり、二〇一六年には知人とともに立ち上げた会社の運営に注力している様子がニュースになっていた。

スンリはクラブやラーメン店の経営などに乗り出し、当時、韓国では実業家として、テレビで「偉大なるギャッツビー」をもじって、「スッツビー（スンリ＋ギャッツビー）」などと持て囃されていた。

暴かれた「性接待」スキャンダル

二〇一九年一月の時点ではスンリ側は全面否定していたが、ひと月後の二月末、スンリが「性接待」をしているという疑惑報道が流れると性暴行、横領、脱税など諸々の疑惑が改めて吹き出し一大スキャンダルへと発展。連日、このニュース一色となった。

その発端となったのが、二月二六日、ＳＢＳ傘下のエンタテインメント専門のケーブルテレビ会社「ＳＢＳ ｆｕｎＥ」のカン・ギョンユン記者（女性）による、スンリを巡る「性接待疑惑」についてのスクープ報道だ。

Ｋ‐ＰＯＰ史上、トップスターの初めての大スキャンダル事件の始まりだった。韓国では、「スンリゲート」や、経営していたクラブ名から「バーニングサンゲート」などとよばれる。

報道内容は、スンリの携帯でのメッセージのやりとりを再現して報じたもので、二〇一五年一二月一七日の深夜に訪韓した投資家の接待について交わされたものだった。スンリは、従業員へ、「オンナは？（性的にというニュアンスを含む言葉を使い）軽い子を」と書き込み、スンリが立ち上げた会社の共同代表を務める人物は、「オンナが二人来たらホテルの部屋までちゃんと行けるように処理しろ」と指示するなど性接待を示唆《しさ》するような内容が書かれていた。

報道がでてわずか二時間後に、ＹＧ社はコメントを出した。

「本人（スンリ）に確認した結果、該当記事はねつ造されたメッセージで構成されていて、事実ではないことを（わたしたちは）明言します。さらに、ＹＧはこれまで守ってきた原則どおり、フェイクニュースをはじめとする噂の拡大および再生産など一切の行為については法的に強硬な対応をすることをあらためて申し上げます」（ＹＧ社報道資料より）

このプレスリリースへのカン記者の対応もすばやかった。

「報道されたメッセージをねつ造、編集する理由がありません。深刻で質の低い一部の表現を整えた以外、ねつ造、編集は絶対にしていません。すべて事実です」と反駁《はんばく》。「今後、捜査機関から要請されれば積極的に協力します」、そう取材への自信ものぞかせた。

実はＹＧ社のすばやい反応には何か後ろめたいことがあるのではないか、そう疑いたくなるほど異例の早さだったと当時、韓国のスポーツ紙記者は語っていた。

「ＹＧ社はこのたぐいの疑惑が持ち上がるとこれまではもう少し静観していたと思うのですが、何をそんなに慌てているのか、他に何かあるのかと勘ぐりたくなるほどの早い反応に正直、驚いていたのです」

そうして日付がかわった翌日、スンリはＹＧ社を通して、「一日も早く捜査機関へ自ら出頭して、麻薬の精密検査および関連のすべての疑惑解明について積極的に協力したい」というコメントを出し、実際、報道が出た翌日自ら警察に出頭もした。

「スンリもＹＧ社もまだ火消しできると思っていたのでしょう」と前出のスポーツ紙記者は苦笑していたが、事態は悪化していく。

腐敗取り締まり機関への告発

約一週間後の三月四日。カン記者は、性接待疑惑のメッセージなどすべてが含まれた証拠を、ある人物が国民権益委員会に提出し、これが公式に認められて分析中だと報じた。同機関は、腐敗行為を規制する国務総理（首相）直属の行政機関だ。

カン記者は、メッセージを提出した人物から「警察との癒着が疑われる内容もあったので、警察ではなく同機関に提出した」という証言も引き出している。

二月末の第一弾から次の報道まで少し間が空いたが、カン記者は、「米朝首脳会談（二月二七、二八日）後に報道する」と予告していた。

その頃の韓国では、後に米朝間に決定的な亀裂をもたらしたといわれたベトナム・ハノイで行われた米朝首脳会談のニュースで盛り上がっていた。文在寅《ムンジェイン》政権に近いといわれる韓国の進歩系メディアをはじめ、ほとんどのメディアは、文大統領悲願の、「(朝鮮戦争以来、休戦状態が続く北朝鮮との)終戦宣言がなされるのではないか」という希望的観測の記事をアドバルーンのようにあげて、どこか高揚した雰囲気が韓国社会を覆っていた。他のニュースが目立たなくなる恐れは十分にあった。しかし、現実にはこの米朝首脳ハノイ会談を境に米朝、さらには南北関係も冷え込むという結果に終わっている。

話を戻そう。

続いて三月八日。スンリが突然、軍への入隊を発表した。

韓国では義務兵役による軍への入隊はとてもデリケートな問題だ。

人気のある芸能人は、通常、期限ぎりぎりまで入隊を延ばす。

入隊延期はたいてい「大学院進学」など学業を理由にし、休学を繰り返して卒業を先延ばしにする方法がとられており、経済的な余裕のない一般人の男性からは、芸能人の入隊延期は不平等としてとらえられる(この問題については第八章で改めて触れたい)。

しかし、二〇一八年に改正された兵役法で満二八歳以上の入隊延期の条件が厳しくなった。

2019年3月、警察に出頭するスンリ（2019年、AP／アフロ）

一九九〇年生まれのスンリは、一九年中に入隊するものとみられていたが、スンリのこの発表に、「捜査を回避する気か」とネットには罵詈《ばり》雑言《ぞうごん》が飛びかい、騒ぎはさらにヒートアップすることになる。スンリの疑惑にまったく関心がなかったという人までも「捜査の手を逃れるために入隊なんて冗談じゃない。子どもをおとなしく入隊させている身にもなってほしい」（入隊している息子を持つ五〇代の主婦）と憤っていた。結局、スンリは軍への入隊の延期を申請し、三カ月の延期が認められた。

芸能界引退を発表

三日後の三月一一日。

カン記者はスンリが、性的関係が映り込んだ盗撮動画を友人らと共有していたと報道した。

スンリと親しい歌手兼タレントが複数の女性と性的関係を持った動画を、女性たちの同意なく盗撮し、その動画をスンリを含めた八人のメンバー間に流布していたという内容だった。

盗撮した動画の共有に使われたのは、韓国の主流メッセンジャーサービス「カカオトーク」のグループチャットで、このグループチャットのメンバーには別のアイドルグループ「FT ISLAND」のメンバー、クラブの従業員、「少女時代」メンバーの実兄らが含まれていた。

この報道後、スンリは自身のインスタグラムで芸能界からの引退を表明した。

引退表明の数時間後、カン記者は続報として地上波SBSの夜八時のニュースでグループチャットに参加していた八人のメンバーのうち主犯格の実名を報道した。これはかなり異例なことだった。事務所からの要請という圧力などもあり、それまでは逮捕されない限り、実名が出ることは稀だったからだ。

スンリと彼のクラブなどの事業を経営する会社の共同代表らが、警察幹部とゴルフや食事を重ねていたことも明るみに出た。その懇意にしていた警察幹部に、盗撮動画を共有していた「FT ISLAND」メンバーが飲酒運転をもみ消してもらおうとした疑惑も発覚した。

グループのやりとりのなかで「警察総長」と呼ばれていた警察幹部は、当時、警察庁で総警（日本の警視と警視正の間にあたる）の階級にある人物だった。

以前にはスンリが経営していたクラブを管轄する江南警察署でクラブなどを取り締まる生活安全課に所属し、その後、青瓦台で世論の動きを把握する民情首席室に勤務するなど、中央の要職に就いていた。ちなみに、韓国の警察のトップは警察庁長官にあたる「治安総監」であり、「警察総長」という官職はない。

強硬に法的に対処するとしていたYG社は三月一三日、スンリからの契約解消の申し出を受け入れる形で、「(スンリとの) 専属契約を終了することにした」とし、同社のホームページからはスンリの痕跡は跡形もなく消えた。

「聖域」に切り込んだ女性記者

取り調べが続く中、スンリは韓国の週刊誌『時事ジャーナル』(三月一九日) のインタビューで心情をこう吐露している。

「現実には存在しない〝警察総長〟と呼んでいたぐらい、わたしたちは何も知らなくて、アホどうし、友だちどうし、ホラを吹いて虚勢を張っていたんです。これが脱税、警察との癒着という世論になってしまった。実際、今は真実を話しても誰も信じてくれない状況です。捜査機関すらカカオトークの内容がすべて事実であり、証拠だと考えています。ああ、わたしが有名で芸能人という理由だけで、『どうせ（スンリは）やっていたんだろう』と判断されてしまわないか、怖いです。正直、国民に申し訳ないと思いながらも悔しさを訴えたり、反論できない立場にいるじゃないですか。最後にひと言だけ言うなら、海外遠征賭博や性接待斡旋《あっせん》はなかったです」

この日、スンリの会社の共同代表を務めるユ・インソク氏も謝罪文を公表し、スンリ同様、「ホラを吹いて虚勢を張っていた」だけだとし、性接待斡旋や警察との癒着についても否定している。このユ氏は、スンリと共に二〇一六年、芸能マネジメント、化粧品卸業、飲食業などを事業とする「ユリホールディングス」を立ち上げていた。社名は自身の苗字（ユ）とスンリを合わせたものだった。

ユ氏は一七年、韓国の人気女優と結婚。父親はベトナム・ホーチミン市で在ベトナム韓国人向けの情報誌を発行したり、コンサルティング会社などを手広く手がける人物として知られ、ユ氏自身もかつて韓国の大手コンサルティング企業のベトナム支店長を務めていた。スンリとは、知人を通して知り合ったとされている。一躍時の人となった記者、カン・ギョンユン氏は、過去にも日本でも知られるガールズグループ「KARA」の元メンバー、ク・ハラの元彼による暴行事件などについてのスクープもあり、「業界やネットで知られた存在」（前出のスポーツ紙記者）だという。世論の反響が大きいこの事件についてSBS本社も大きく取り上げ、再び夜八時のニュースでカン記者にインタビューしながら事件の再構成を行うなど大々的に報じた。

番組でカン記者は、スンリの「性接待疑惑」を追い始めたのは二〇一五年頃からだと明かした。スンリがユ氏と会社を立ち上げる際、資産家らを招待して豪華な「ギャツビーパーティー」を開いたが、この頃から性接待の噂が立ち始めたという。

「最近では韓流スターが大きな権力や富、人気や名誉まで獲得しています。それらを利用して女性を性的な道具にするなど、さまざまな社会問題を起こしている」、「私たちの社会は『韓流』という名前ですべてのことを許し、監視や批判を怠っていたのではないか。この問題について私たちは徹底して考えるべきだと思っています」などと語っていた。

「韓流」エンタメが世界に広がり、勢いを増す中で、韓国では韓流スターたちが、スキャンダルには多少のことは見て見ぬフリをするような、アンタッチャブルな聖域になりつつあったという認識だった。

　スンリの取り調べが続く中、三月二一日には、歌手兼タレントのチョン・ジュニョンが性行為等の盗撮および盗撮動画の流布の容疑で逮捕された。チョン・ジュニョンは、カン記者に、スンリの友人でチャット仲間のひとりとして実名で報じられていた。盗撮画像の流布による被害女性は確認されただけで一〇人にのぼっている。癒着が疑われる警官は五人に膨れあがり、スンリの元所属事務所のＹＧ社にも国税庁の特別調査が入るなどして事件はさらなる広がりを見せた。

「性接待」の対象は日本人ら

この時スンリにかけられていた嫌疑は、買春および売春の斡旋、違法な盗撮動画の流布、業務上の横領などの八つだった。

　事件の捜査チームが組まれてから三カ月後。スンリへの十数回に及ぶ取り調べの末、逮捕状が請求されたが裁判所からは「証拠隠滅の恐れなどの拘束事由なし」として棄却されていた。

「取り調べにも粛々と応じていますが、本人は一貫して性接待など疑惑を否認しています。

また、証拠不十分とも伝えられていて、逮捕の可能性は低いと目されていました。竜頭蛇尾で終わるのではないかという話も囁かれています」（別のスポーツ紙記者）

ところがスンリの会社で共同代表を務めていたユ氏は性接待の事実を認めた。

「ユ氏も性接待について否認していましたが、性売買を請け負う女性への送金の内訳を警察に見せられて、〝すみません〟と（性接待の）事実を認めたそうです」（前出の韓国紙記者）

接待した相手はスンリと懇意の仲といわれる日本の実業家らとされ、一行が二〇一五年一二月、二泊三日の日程で訪韓した際に性接待があったといわれる。また、その宿泊費三〇〇〇万ウォン（約三〇〇万円）をスンリが所属していたYG社の法人カードで支払ったことが確認され、性接待そのものについては否認しているスンリも、その支払いについては認めたと伝えられた。

「当局はこの性接待を示唆するユ代表とスンリのカカオトークのやりとりを押さえ、スンリの取り調べを行いましたが、スンリは『そんな会話は思い出せない』と否定していたそうです」（同前）

「YG帝国の終焉」？

スンリはその後起訴されたが、二〇二〇年三月九日に徴兵により入隊。裁判は普通軍事裁判所（地方裁判所に当たる）に移管された。裁判は二十数回に及び、その過程で新たな証言により、特殊暴行教唆《きょうさ》の疑いが加わり、嫌疑は九つとなった。

二一年八月一二日、一審では、九つの嫌疑すべてで有罪となり、懲役三年、追徴金一一億五六九〇万ウォン（約一億一五六九万円）の実刑判決が出た。スンリはこれを不服として控訴し、現在は、韓国軍の刑務所に収監されている状態だ。

また、スンリらから「警察総長」と呼ばれていた警察幹部は、バーニングサン事件絡みではユ氏からゴルフなどの接待を受けていたことが明らかとなっており、別件の未公開情報による株取引でも有罪となり、二一年九月、罰金二〇〇〇万ウォン（約二〇〇万円）と追徴金三一九万ウォンの刑が確定している。

スンリの仲間たちもそれぞれ実刑判決を受けている。盗撮や動画の流布などの性暴力犯罪で逮捕されていた歌手兼タレントのチョン・ジュニョンは二〇年九月、懲役五年の実刑が確定した。警察幹部に飲酒運転のもみ消しを依頼していた元ＦＴＩＳＬＡＮＤのチェ・ジョンフンも性的暴行などで懲役二年六カ月の刑が確定。二一年一一月、服役を終えて出所した。

スンリの会社の共同代表だったユ氏は性接待などすべての嫌疑を認め、二〇年一二月に懲役一年八カ月、執行猶予三年の刑が確定した。しかし特殊暴行教唆の疑いで追加起訴され、係争中だ。

そしてこの問題は、所属事務所YG社にも波及した。

スンリの「バーニングサン事件」による契約終了から三カ月後の二〇一九年六月。YG社のヤン・ヒョンソク氏は同社のすべての職責から退いた。

ヤン氏は、一九七〇年生まれ。一九九二年にヒップホップグループ「ソ・テジ・ワ・アイドゥル」のメンバーとしてデビューし、解散後の九六年にYG社を創業。SM社、JYP社とともにかつては三大事務所とよばれるまでの大手事務所に成長させていた。

しかし二〇一九年、バーニングサン事件だけでなく、所属しているアイドルの麻薬事件のもみ消し疑惑も浮上した（二一年五月から係争中）。さらに過去の性接待（不起訴）や遠征賭博（罰金刑が確定）などが次々と明るみに出て、ヤン氏は辞任に追い込まれた。

実弟ヤン・ミンソク氏もYG社の代表取締役からの辞意を表明していたが、いったん社に留まり二一年四月に改めて要職から外れた。

一連の不祥事に、「ＹＧ帝国の終焉か」という声もあがった。ＫＯＳＤＡＱ市場に上場していたＹＧ社の株価が暴落すると、ＹＧ社に投資している韓国の「国民年金基金」が破綻するのではないかという観測報道まででた。その後、ＹＧ社は「ＢＬＡＣＫＰＩＮＫ」などの活躍で、株価を戻している。

代表こそ降りたとはいえ、現在もヤン・ヒョンソク氏は同社の最大株主（一七・〇九％）、弟のヤン・ミンソク氏は第五位の株主（三・五一％）として、ヤン兄弟はＹＧ社に強い影響力を維持しているとみられている。

元東方神起メンバーも麻薬使用で逮捕

スンリの「バーニングサン事件」の衝撃も残る二〇一九年四月末、Ｋ‐ＰＯＰスター、「ＪＹＪ」のパク・ユチョンが麻薬使用で逮捕された。

ユチョンは二〇〇四年にデビューした「東方神起」の元メンバーだ。〇五年に日本デビューを果たした東方神起は地道な営業が功を奏し、日本でも人気を獲得、第一次韓流ブームを牽引した。その後、所属事務所のＳＭ社との契約問題が訴訟にまで発展し、ユチョンを含む三人が〇九年に東方神起から脱退し、ＳＭ社からも離籍。三人で新たにＪＹＪとして活動していた。

ＪＹＪは元所属事務所のＳＭ社や日本での東方神起のマネジメントを担っていたエイベックス社との関係に苦慮しつつも、韓国国内だけでなく米国や日本での営業を着実にこなしてきていた。

「脱退騒動の当時は、大手のＳＭ社と裁判までして揉めた彼らを引き受ける事務所はないだろう、活動にも制限を受けるだろうと言われました。予想通り、地上波への歌手としての出演はＮＧになるなど活動が制限されましたが、それでも、海外でのコンサートは好評。また、ユチョンの場合は俳優としても認められて、二〇一〇年に主演したドラマ『トキメキ☆成均館《ソンギュンガン》スキャンダル』は大ヒットとなり、存在感を見せました。順風満帆のように見えていたのが、つまずき始めたのは、一六年六月の性暴行疑惑の告発からでしょう。強姦被害を訴えた四人の女性が立て続けにユチョンを告訴。捜査の結果、不起訴処分となりましたが、ひとりとはこじれて裁判所の強制調停命令を受けていました。それも片付いて一九年に入って、ようやく復帰へ向けて静かに活動を再開したばかりでした」（前出のスポーツ紙記者）

ユチョンの逮捕は、元婚約者（財閥「南陽《ナムヤン》乳業」創業者の孫娘）が麻薬使用で逮捕されたことがきっかけとなった。彼女の供述内容の一部が報道され、かつての婚約者だったユチョンの名前がインターネット上で取り沙汰され始めると、ユチョンはすぐに記者会見を開いて身の潔白を切々と訴えた。

さらには、警察での麻薬検査で陽性反応がでた後でさえ、「どうして体内に（麻薬が）入ったのか分からない」という苦しい弁明をしていたが、逮捕されると、あっさりと麻薬使用を認めた。

「（麻薬）検査は免れないと思っていたのでしょう。陽性反応が出ないようにとユチョンは今年に入ってから何度も髪を染めて、体毛をすべて除毛したといいます。ただ、除毛しきれなかった足の毛から麻薬が検出されて結局、逮捕となりました」（同前）

ユチョンは、復帰を目指していた頃に元婚約者と七回に渡り覚醒剤を使用した疑いが持たれた。その後ユチョンは起訴され懲役一〇カ月、執行猶予二年の判決を受けた。この事件の後も、新たに契約した事務所とトラブルになるなどし、現在は活動を中断している。

ユチョンの元婚約者は、財閥一族の娘として裕福な暮らしぶりをインスタグラムなどにアップし、人気のインフルエンサーでもあった。スンリのクラブ「バーニングサン」の常連でもあり、盗撮動画を共有、流布していたメンバーらとも近しい仲だったという。二〇二〇年には知人の家からブランド品を盗んだとして捜査されたが、そのさなか、再び麻薬吸引の疑いで逮捕された。この麻薬関連では親しい男性に虚偽の証言を強要したが、男性は結局拒否。その後の同年末、男性は自ら命を絶っている。二〇二一年一一月の控訴審で懲役一年八カ月・追徴金五〇万ウォンの判決を受けたが不服として上告している。

Ｍｎｅｔ視聴者投票不正操作事件

二〇一九年の後半にも、韓国エンタメ産業の信頼を揺るがす大事件が起きている。巨大エンタメ企業の看板オーディション番組で、人気投票の不正操作が発覚したのだ。

「国民プロデューサーの皆さま、あなたの少年、少女にぜひ投票してください！」

こんなフレーズで始まる韓国の人気オーディション番組「プロデュース」シリーズ。エンタメ総合企業「ＣＪ ＥＮＭ」社系列の音楽専門ケーブルテレビ「Ｍｎｅｔ」の人気番組だった。

同番組は、「国民プロデューサー」と呼ばれる、〝公正な〟視聴者投票により次のアイドルグループを誕生させるというコンセプトだった。素人が参加するそれまでのオーディション番組とは異なり、すでに音楽事務所に所属し、デビューを夢見て練習を重ねてきた練習生（一〇代〜二〇代）が参加するスタイルだった。グループ別に分かれた練習生は与えられた課題曲で競演し、その後、視聴者投票が行われ、投票による人気ランキングが都度《つど》、発表された。メンバーに選ばれると、アイドルグループとしてデビューし、期間限定で活動できる。

二〇一六年と一七年に韓国で放映された「プロデュース１０１」「同シーズン２」は、ケーブルテレビの番組にもかかわらず、五・二％という高い最高視聴率をたたき出し、一六年には、一一人のガールズグループ「Ｉ《アイ》・Ｏ《オー》・Ｉ《アイ》」（一七年一月解散）、一七年には一一人のボーイズグループ「Ｗａｎｎａ《ワナ》Ｏｎｅ《ワン》」（一九年一月解散）がデビューし、人気を得ている。

ことに日本で知られているのは、二〇一八年に放送されたシリーズ第三弾の「プロデュース48」だろう。日本の「ＡＫＢ48」とコラボレーションし、誕生した女性一二人のアイドルグループ「ＩＺ＊ＯＮＥ（以下アイズワン）」には元「ＨＫＴ48」の宮脇咲良と矢吹奈子、元ＡＫＢ48の本田仁美の三人がメンバーとしてデビューを飾っている。そして、一九年一一月一一日にはデビュー一周年を記念したアルバムが披露される予定だった。

ところが、その得票数を不正に操作していたことが発覚。完全なる〝出来レース〟だったことが明るみに出た。

　発端は一九年七月。五月から放送が始まっていたシリーズ第四弾「プロデュースＸ１０１」の最終結果が七月中旬に放送された直後、「結果がおかしい」という声が多くの視聴者から上がってからだった。

「どのシリーズのときも、特定の練習生にスポットが当たる〝悪魔の編集〟がされているなど、いろいろと疑惑は燻《くすぶ》っていました」と韓国紙記者は語る。

「それまでの不信感が積もりに積もっていたところに、Ｘ１０１の最終結果が、あまりにも不自然だったことでついに爆発しました。視聴者から『元集計データを公開してほしい』と要求されましたが、局側はうやむやにした。するとファンらは『プロデュースＸ１０１真相究明委員会』を立ち上げて、弁護士雇用のためのクラウドファンディングを始めたのです」

　同真相究明委員会は、クラウドファンディングで集めた資金で弁護士を雇用し、同年八月一日、ソウル中央地方検察庁に番組関連企業などを告訴した。プロデューサーは取り調べを受け、Ｍｎｅｔとグループの親会社ＣＪＥＮＭ、そして複数の音楽事務所も家宅捜索を受けた。一〇月には韓国の国政監査でも俎上《そじょう》にのせられた。

そして、一一月五日、同番組担当プロデューサーのアン・ジュニョン氏らが逮捕された。得票数のねつ造などの詐欺や特定事務所から接待を受けていた背任収賄行為の嫌疑によるものだった。

逮捕されたアン氏は、アイズワンを世に出した二〇一八年のシリーズ三番目となる「プロデュース48」と一九年七月に終了した第四弾「プロデュースＸ１０１」での得票数のねつ造を認めた。「アイズワン」の活動は直ちに自粛され、一一日のアルバム発表も延期になった。

前出の韓国紙記者は言う。

「アン氏は、シリーズの第二弾が終わったあたりから複数の音楽事務所より一億ウォン（約一〇〇〇万円）を超える接待を受けていることが分かっています。視聴者からの票を集計する会社にあったデータの元本と、放送で発表されたものはまったく異なることが発覚しました。接待を受けた事務所の練習生をデビューさせるため、あらかじめ順位を決めていたんです。本当の視聴者投票では、いったい誰が選ばれていたのか公開しろという声が高まっています。この広がった波紋を彼らがどう収拾するのか、今のところ見当もつきません」

アン・ジュニョン氏は、一九七九年生まれ。二〇一〇年、素人参加のオーディション番組「スーパースターK」などを成功させた。二〇一六年にはオーディション番組「プロデュース101」で、期間限定アイドルグループI．O．Iをデビューさせてこちらも大成功。業界では「オーディション番組の匠《たくみ》」（同前）として知られた人物だった。

「天才」という異名もあったというが、それは、番組のビジネスモデルについて言われた〝商才〟についてだったというのはテレビ関係者の話だ。「プロデュース」シリーズは、会社に利益をもたらすこれ以上ない収益モデルだと言われていたという。

会社ぐるみの疑い

『Mnet』は、『CJ ENM』グループですが、『プロデュース』でデビューしたグループから得た収益は、当初はメンバーそれぞれの所属事務所に五〇％、番組から誕生したグループの所属事務所に二五％、残りの二五％がCJ ENMに配分されていました。ところが、シリーズ3の『アイズワン』からは、グループの所属事務所もCJ ENM傘下の事務所となり、収益の半分がCJ ENMに転がり込む仕組みにかわった。また、視聴者投票は有料です。一人一日二回まで投票できますが、一回につき一〇〇ウォン（約一〇円）。延べ二〇〇〇万票が動いたそうですので、『プロデュースＸ１０１』は投票だけで二〇億ウォン（約二億円）ほど稼いだといわれています。企業にとっては、これほどおいしい話はない」（同前）

ＣＪＥＮＭは第三章でも書いた通り、ＣＪグループの巨大総合エンタメ企業だ。「メディアの恐竜」とも呼ばれ、韓国エンタメ産業界で絶大な力を誇っている。

今回のねつ造に対し、ＣＪＥＮＭは「成果給を狙った制作側の逸脱にすぎない」（スポーツ朝鮮、一一月六日）とし、会社は無関係という姿勢を貫いた。しかし、「一介のプロデューサーがはたして接待を受けただけでこれだけのねつ造にまで踏み切れるものなのか、本当は会社ぐるみではないかという疑問の声も当然あります。これほど大きな利益を企業にもたらす仕組みを、プロデューサー個人がつくれるのか。アンプロデューサーは、企業の利益に関わった詐欺罪に問われており、これは企業のコンプライアンス問題でもあるのに、企業は無関係とは虫が良すぎる」（同前）という声も燻った。

逮捕されたアン氏は、「プロデュース48」の放送前の記者会見で日本とのコラボレーションについてこう話していた。

「番組を通して、韓国や日本のそれぞれの特殊性ではなく、アジア、あるいは世界を舞台に活躍するアイドルを夢見る子たちが、韓国というひとつの場所に集って共通の夢を成し遂げる、夢、友情、成長というキーワードを描きたかった」（スポーツトゥデイ、二〇一八年六月一一日）

一連の疑惑を検証した時事番組「ＰＤ手帳」（ＭＢＣ、一〇月一五日放映）では「プロデュースＸ１０１」に参加した練習生がモザイクをかけられた状態で映し出された。最初こそ夢や希望をもっていただろう練習生たちは、「怖いです、本当に怖い、言葉ひとつひとつが（関係者にチェックされていて）……」、「ここで睨まれたらアウトなんです。話ができる人なんていない」と、怯えを見せながら語っていた。

二〇二〇年秋には、投票によってデビューするはずだった練習生の名前が公表された。「プロデュース48」では二名、「プロデュースＸ１０１」では六名もが被害に遭っており、デビューした側にも、できなかった側にも残酷な結果をもたらした。

詐欺罪などに問われたアン氏は二〇二一年三月、最高裁判所で懲役二年、追徴金三七〇〇万ウォン（約三七〇万円）が確定。服役し、同年一一月に未決勾留期間をあわせて刑期満了となり出所した。

裁判の過程では、得票数のねつ造はシリーズが始まった頃から行われていることが判明しており、二〇一六年の「プロデュース１０１」では二名、一七年の「同シーズン２」でも二名の被害者がいたことが分かっている。Ｍｎｅｔ社は二一年八月、この中で一一名の被害者と所属事務所へ補償手続きが完了し、残り一名についても手続きを進めていることを明らかにした。しかし、一体、どんな補償ができるというのだろうか。

三カ月ほど活動を自粛していたアイズワンは、二〇二〇年二月から活動を再開したが、二一年三月には、「当初予定していた活動の期間が終了した」と告知され、四月末解散した。その後、ファンがアイズワンの活動再開を求めてその費用をクラウドファンディングで募金し、六月までに三二億ウォン（約三億二〇〇〇万円）ほどが集まった。これはアルバムが二、三枚出せるほどの資金だといわれたが、メンバー各自のその後の活動が決まっているという理由から「再結成は不可能」と正式にコメントが出された。

スターの携帯ハッキング事件

次々とエンタメ界を揺るがす事件が続いた二〇一九年が過ぎ、二〇二〇年の年が明けて間もない一月末。今度は、韓流トップスターに醜聞が飛び出した。

韓国の大河ドラマ『奇皇后　ふたつの愛　涙の誓い』（二〇一三年）のヒロインの相手

役などで日本でも知られる男性俳優チュ・ジンモ（当時四五歳）を巡るものだ。

一九七四年生まれ。九九年に映画デビューし、二〇〇六年、日本の少女漫画を原作とした韓国映画『カンナさん　大成功です！』が韓国で大ヒットすると、そのヒロインの相手役として知られるようになった。その後次々とヒット作品に出演して着実にキャリアを重ね、韓国のさまざまな芸術賞を受賞してきた。一九年には、一〇歳年下のソウル大学医学部家庭医学科卒の医師と結婚し、話題になった。

二〇年一月七日、そのチュ・ジンモの所属事務所がこんなコメントを出したことから話は始まる。

「チュ・ジンモの携帯がハッキングされたことが分かった。個人情報をマスコミに公開するという悪意ある脅迫を受けた。代価として金品の要求を受けている。本件について法的に対処する」（聯合ニュース、一月七日）と事件を公にしたのだ。

何者かが一九年一一月、チュ・ジンモの携帯をハッキングし、それにより入手したチュ・ジンモの個人情報を元に金銭を要求してきたというのが事件のざっくりとしたあらましだ。コメントの翌日、他にも同様の被害者がいるとしてソウル地方警察庁も捜査中であることを明らかにした。

この時点では脅迫の内容は明らかになっていなかった。が、三日後の一月一〇日。チュ・ジンモのカカオトークでのメッセージ内容とされる画像がネット上で瞬く間に拡散した。

ネットで広まったメッセージは二〇一三年頃のものといわれ、水着姿やきわどい露出をした女性の写真が共有され、写真を共有した仲間たちと女性を〝品定め〟するような内容が書き込まれていた。

メッセージのやり取りの相手として、日本ではペ・ヨンジュン、イ・ビョンホン、ウォンビンと並ぶ「韓流四天王」の一人といわれた男性スター、チャン・ドンゴン（当時四七歳。一九七二年生）の名前も挙がった。彼はチュ・ジンモの親友として知られていた。

ネット上での女性への性暴力問題の根絶を目指す市民団体「韓国サイバー性暴力対応センター」は、拡散したメッセージについて「パワハラによる売買春の強制も含まれていた」と糾弾し、「世の中は変わりました。イケメンの男性トップスターのキャリアには支障はないだろうと（本人は）信じたいでしょうけれども、女性たちはもうこれ以上許しません」という声明を発表した。

ネットには非難や失望、驚愕といった内容の書き込みが並んだ。「トップスターがチョン・ジュニョンと同じことをしていたなんて……。もう誰も信じられない」「あまりにもイメージと違いすぎて驚き」というものから、男性によるものだと思われる、「正直、チュ・ジンモが未婚だった頃のやりとりだし、男はこんなことも話しちゃいけないのか」という書き込みもあった。チョン・ジュニョンは前述したスンリの事件で登場した、盗撮、盗撮動画流布などの性暴力の罪で逮捕された韓国の歌手兼タレントだ。

チュ・ジンモの事件で、内容の事実関係が明らかにされていない時点でこれほど非難が集中したのは、このチョン・ジュニョンの事件の影響が大きかった。

今回の事件では、ハッカーはチュ・ジンモの配偶者の医師にもメッセージを送っていたといわれ、配偶者のSNSは一時すべて閉鎖された。

チュ・ジンモ側は一月一六日、公式に謝罪を表明。「申し訳ありません。今回のことで息が詰まるような日々を送っています」という書き出しから始まる謝罪文を公開し、携帯がハッキングされ「恐怖感を覚えた」としながらも、事件を公表した背景については、「脅迫に屈すれば彼らはこれからも私を苦しめるだろうと判断した。また、同じような方法で脅迫を受けている他の芸能人や有名人らに悪影響をおよぼし、さらには犯行を煽ることにもなると考え、彼らの恐喝、脅迫に応じなかった」と綴っている。

そして、ネットで拡散したやりとりについては、その中に出てきた女性らへ、「どう謝罪すればいいか、謝罪になるのか分からない」とし、ただ、「決して異性の身体の写真を隠しカメラで撮影し流布するような不道徳なことはやっていません」「(拡散したやりとりが)悪意を持って歪曲され編集されたことにより、私がしていない行為が事実であるかのように報道され、噂が恐ろしい速度で量産されているのを見て、怖くてつらい」とも記していた。

イケメン野球チーム

事件が発覚した当時、芸能界に詳しい韓国紙記者はこんなことを言っていた。

「この事件で驚いたのは、チュ・ジンモと性的な会話のやりとりをしていた相手としてチャン・ドンゴンをはじめとする、韓国のトップスター、それも好感度抜群のスターたちの名前が挙がったことでしょう。ネットで拡散したメッセージの真偽はまだ確認されていません。しかし名前が挙がったスターたちには少なからずイメージダウンは避けられないのではないでしょうか」

この事件で名前が挙がったスターに共通しているのは、芸能界きってのイケメン野球チーム「プレイボーイズ」のメンバーだったことだ。

「プレイボーイズ」は錚々たるスターがメンバーのプライベートの野球チームで、社会人野球チームと親善試合なども行っていた。事件の発端となったチュ・ジンモ、チャン・ドンゴンだけでなく、『愛の不時着』で日本での人気が再燃したヒョンビンもチームメンバーのひとりだ。

ヒョンビンの所属事務所は、「あらゆる虚偽と悪意のある噂に関連した資料を収集している」として、事件に関連した法的措置についてほのめかしていたが、チャン・ドンゴン側は最後まで沈黙を貫いた。

結局、他のスターにまつわる噂の真偽は明らかにはならないままこの問題は下火になった。

多国籍ハッキング組織

一方、ハッキング事件の捜査のほうは進展を見せ、思わぬ展開を迎えることになる。

二〇二〇年四月、ソウル地方警察庁はひと組の夫婦を逮捕した。容疑は、「情報通信網利用促進及び情報保護違反」。

続いて、この夫婦の妻の姉夫婦も逮捕された。彼らは韓国に帰化している中国の少数民族、朝鮮族出身だった。

朝鮮族は、朝鮮半島に住む北朝鮮・韓国人とルーツを同じくする人々で、日本の植民地時代に送られたり、朝鮮戦争（一九五〇〜五三年）時に中国側へ逃れた人々だといわれている。主に北朝鮮と中国との国境近くに多く住んでいる。韓国では、外国人労働者として一時居住の資格で滞在する人たちが多く、介護職では八割ほど、他にもベビーシッター、家政婦などの多くを朝鮮族出身者が占めている。

ハッキングの被害を受けたのはチュ・ジンモだけではなかった。最近では映画『白頭山《ペクトウサン》大噴火』（二〇一九年）に主演していた韓国のトップスター俳優ハ・ジョンウや、有名シェフの携帯もハッキングされていたことが捜査の結果明らかになる。ハッキング被害者数は芸能人など一〇三人、恐喝による被害総額は一三億四〇〇〇万ウォン（約一億三四〇〇万円）にも上っていた。犯行グループは組織的に動いていたことも解明され、二〇年一一月には、主犯格が中国に住んでいることまでわかり、先の夫婦二組のほかに二三人が逮捕された。一七人は中国人、四人は韓国人、そして、ロシア人、カザフスタン人各一人という多国籍ハッキング団だった。

韓国に広がったMeToo運動と女性嫌悪（ミソジニー）

韓国エンタメ業界ではかつて公然の秘密として「性上納」（性接待）という言葉が使われていた。それが公になったのは、二〇〇九年のことだ。

この年、女優のチャン・ジャヨンが、大手報道機関幹部への性接待などを告発し、自ら命を絶った事件が報じられた。大手報道機関の他に政治家の名も取り沙汰されたこの事件の捜査はうやむやのうちに終わった。

二〇〇九年の事件当時、使われた「上納」という言葉自体が韓国社会の圧倒的男性優位の表れだとして、韓国の前近代的なシステムが批判されたが、グローバルスターが活躍するようになった二〇一九年にも、「性接待」と言葉を変えただけで慣習は根深く残っていた。

しかし、本章で紹介してきた性接待や盗撮、女性の際どい写真の流出など、一連の事件が、このとき単なるスターのスキャンダルで終わらず、韓国世論の激しい怒りを買った背景には、二〇一八年一月から韓国でも拡がっていたMeToo運動の影響もあった。

二〇一八年一月、現職の女性検事が上司のセクハラを告発し、前年からアメリカで盛んになっていたMeToo運動に韓国でも火がついた。検察での告発は演劇界、芸能界、政界などさまざまな分野におよんだ。

演劇界の大物や俳優など対象となった人物の中には裁かれて収監中の人もいるし、自ら命を絶つ人まで出た。盗撮問題が大きなイシューとして浮上したのもこの年だ。

その象徴となったのは一八年五月、芸術大学として知られる弘益《ホンイク》大学で男性モデルを密かに撮影し、そのヌード写真を流布したとして男性モデルの同僚の女性が逮捕され、懲役一〇カ月となった事件だった。この事件では捜査が異例の早さで行われたとして（男性が盗撮した場合にはそれほど早く捜査が行われないとした）女性らは街頭に出てデモを繰り広げた。

盗撮問題は韓国ではここ数年問題視され、メディアでも報じられていたが、可視化されたのはこの事件からだった。

チャン・ジャヨン事件についても、再捜査を求める声が高まり、自死当時「朝鮮日報」幹部が性上納捜査に圧力をかけていたことなど新しい事実も明らかになっている。

前出の「韓国サイバー性暴力対応センター」が声明文で「あなたたち（チュ・ジンモをはじめとする三〇代以上の男性たち）は、チョン・ジュニョン事件や、各大学でグループチャットをきっかけに起きた性暴力事件などの温床であり、彼らのそのような行動が許されてしまう世の中を作った直接の要因になっている」と非難した背景には過去のこんな事件があったのだ。

この頃、韓国では「４Ｂ」という言葉が若年層の女性たちの間で流行していた。家父長制度の影響が根強い韓国社会が女性に対して義務としてきた「恋愛、セックス、結婚、出産」をしない女性のことで、Ｂが韓国語で「非＝ビ」の発音と同じため生まれた造語だ。長年続いてきた女性に対する家父長的な社会的圧力への抵抗ともいわれた。

一方で、男性側からは女性ばかりが優遇されているという不満が高まった。女性嫌悪（ミソジニー）が拡がり、韓国では男女の分断が深刻化していると指摘される。

そしてその影響は芸能界にも及んだ。

次章で見ていこう。

第七章　悪質リプライと女性嫌悪《ミソジニー》に苦悩する女性スターたち

社会問題ともつながっていたふたりの死

五人組の人気ガールズグループ「ＫＡＲＡ」の元メンバー、ク・ハラと、その親友でもあったガールズグループ「ｆ（*x*）」の元メンバー、ソルリが二〇一九年に相次いで自死したことは、韓国社会に衝撃を与えた。

ふたりの自死の背景には、リベンジポルノの問題や、ネットでの悪質な攻撃など、デジタル化の進んだ韓国社会の問題が深く関わっていたといわれた。

韓国では、自ら命を絶ってしまう芸能人や著名人が多い。前章で、二〇〇九年に大手報道機関幹部への性接待強要を告発して自死した女優チャン・ジャヨンについて触れたが、毎年、そうした訃報を聞かない年はないほどだ。

地上波の放送局ＭＢＣ時代から名プロデューサーとして名を馳せ、独立して自身の企画事務所を設立したキム・ジョンハク氏は、「韓流」ブームにのってペ・ヨンジュン主演の大作歴史ドラマ『太王四神記』（二〇〇七年放送）などを制作していたが、資金繰りが悪化。二〇一三年に自死を遂げた。二〇一七年には人気ボーイズグループ「ＳＨＩＮｅｅ（シャイニー）」（ＳＭ社所属）のメンバー、ジョンヒョンが自ら命を絶ち、現役の人気アイドルの死は大きなニュースになった。

もともと韓国の自死率は高い。二〇二〇年、ＯＥＣＤ加盟国中、三年連続でトップとなった（日本は五番目）。九〇年代末の経済危機に見舞われた後に急増し、その後も増加傾向にあったが、国を挙げての対策により、二〇一一年頃からは減少しているといわれていた。しかし、近年再び増加傾向となり、ＯＥＣＤ平均（人口一〇万人当たり）一一・三人の二倍強（同二三・五人。日本は一六・六人）もの人が自ら死を選んでいることが分かっている。これまでは八〇歳以上の高齢者の割合がもっとも高かったが、二〇年には高齢者の割合は低くなり、代わりに一〇代～三〇代が増えている。なかでも二〇代はここ五年間で三二・五％も増えており、とりわけ女性は五五・二％と急増している。その理由はさまざまだろうし、本人以外に本当のところを知るよしもない。

心理学の専門家は語る。

「自ら死を選ぶことを問題解決の手段の選択肢に考える人もいます。そして韓国ではその選択を許容する雰囲気があることも問題です。

また、他の国と比べると韓国は衝動的に命を絶つケースも多いといわれています。何らかの悩みを抱えている時にカウンセラーの治療を受ける方法もありますが、そうした治療を受けづらい雰囲気もまた、ひとりで悩みを抱え込んでしまいがちになります」

こうした背景もあり最近では音楽事務所や芸能事務所にメンタルをケアできるよう、カウンセリングが受けられるシステムができているといわれているのだが——。

かつては、芸能人が自死したその手段などが事細かく報道されて、ウェルテル効果（主人公が自死するゲーテの小説『若きウェルテルの悩み』に触発されたドイツの青年たちが自ら命を絶ったことから）といわれる模倣自死が増加したこともあり、最近韓国では、そうした詳細報道を控えることが徹底されている。

ク・ハラやソルリたちの場合も詳しい状況を記載したテレビや新聞はなく、報道の末尾には自死を予防するためのホットラインや相談窓口の連絡先をほとんどが付記している。

しかし、彼女たちの自死を巡る環境は、韓国社会の縮図ともいえるので、本書ではその背景について触れることにする。

ＫＡＲＡ解散後、真っ先に大手事務所と契約

ク・ハラはカン・ジヨン（後の知英）とともに、二〇〇八年に「ＫＡＲＡ」（〇七年デビュー）のメンバーとなり、スターダムをまっしぐらに駆け上がった。日本では「少女時代」や「東方神起」とともに紅白歌合戦にも出場するなど人気のガールズグループのメンバーだった。

二〇一六年にＫＡＲＡは事実上解散し、メンバーはそれぞれソロ活動に入った。ク・ハラは真っ先に、ヨン様ことペ・ヨンジュンが設立した大手芸能事務所「キーイースト」と契約を結ぶなど人気の高さを窺わせた（キーイーストの経営権は一八年にＳＭ社に移行している）。しかし、その後の活動はそれほど活発ではなかった。韓国紙記者は語る。

「キーイーストには主に俳優が所属しており、ク・ハラも演技の道を歩むのではないかとみられました。しかしバラエティなどに出演するだけで、目立った活動はありませんでした。歌手としてはソロアルバムも出しましたが、韓国ではそれほど反響がなかった。ただ、日本では根強い人気でコンサートを開くなど成功していたとも聞きます。

ＫＡＲＡの他のメンバーではジヨンは日本に渡って女優として成功していますが（当時は日本でのメディア露出の多さからそう見られていた）、そのほかのメンバーは地道にドラ

マや公演などをコツコツとこなしている印象です。ク・ハラは人気が高かったこともあって歌手にこだわったのか、韓国での活動の幅は狭かった」

「リベンジポルノ」

そんな中、二〇一八年九月にはク・ハラによる元交際相手への暴行事件が報道された。元交際相手が、別れ話のもつれにより彼女から暴行を受けたと警察に通報したことが始まりだった。

ク・ハラの暴行により皮膚移植も必要だとし、顔の傷を公開して訴えた元交際相手に対し、ク・ハラは双方向の暴行だったと反駁。元アイドルの泥沼劇はメディアの格好のネタとなった。

ところが、翌一〇月に入ると、ク・ハラの警察への告訴内容が明るみに出たことで一転、事件は新たな局面に入った。

元交際相手からプライベートで撮影していた性行為映像をメディアに渡すと脅迫されていたというのだ。事態は、「暴行事件」から「リベンジポルノ事件」へと様相を変えた。

女性たちはク・ハラ側につき、元交際相手に同情的だった世論もがらりと変わった。

青瓦台のホームページにある「国民の請願」の掲示板には、誰でも書き込むことができるようになっているが、「■△○（ク・ハラの元交際相手の実名）のようなリベンジポルノ犯罪者には重い罰を与えてください」という請願スレッドが立ち、二三万人以上が賛同した。

結局、元交際相手は強要・脅迫、性犯罪の処罰等に関連する特例法違反で在宅起訴となり、ク・ハラは起訴猶予となった。

ク・ハラはこの一連の騒ぎから芸能活動は自粛状態を強いられ、また、所属していた韓国の事務所との契約は一九年一月に切れたのち更新されなかった。

その四カ月後の一九年五月、ク・ハラはソウル市江南の自宅で倒れている姿で見つかり、病院へ搬送された。

前日に自身のインスタグラムに、「大変なのに大変じゃないふり、つらいのにつらくないふり。そうやって生きて来たら、表面は大丈夫そうに見えるのに、中はぼろぼろに壊れている」（現在は削除されている）と書き込んでいて、それを見たファンの間では、不穏な憶測が飛び交っていた。

当時は気が塞いでいたといわれ、電話がつながらないのを不安に思った彼女のマネジャーがク・ハラの自宅に駆けつけ、意識不明の彼女を発見したと伝えられた。

幸い、このときは一命を取り留めたク・ハラは翌日には自ら、「いろいろな事が重なり、心がつらくなってしまいました。本当にごめんなさい。（中略）また元気な姿を見ていただけるよう努力します。このたびは本当に申し訳ありませんでした」（日刊スポーツ、五月二七日）というコメントを、韓国の所属事務所がないため、日本の所属事務所を通して出していた。

テレビ局の芸能担当記者は語る。

「親しい友人には（韓国での）芸能活動がなかなかできない苦しい胸の内を相談していたそうです。

なにもかもがうまくいかない中で、元交際相手との裁判を控えていて（一九年五月三〇日）、そこで証言台に立つというプレッシャーや、裁判を巡ってもネット上に心ない書き込みがされていて、そんなさまざまなことが重なって心が折れてしまったのではないかと話す人もいました」

ク・ハラの友人は、「ク・ハラは幼い頃から芸能界にはいったこともあって、精神的には弱いほうではなかったのに、（あんな選択をするなんて）信じられない」とも話していたという。

韓国の芸能番組に登場した心理学者はこんなコメントをだしていた。

「ク・ハラさんのSNSを見ると、相当な努力をし、打ち勝とうとしている姿が見えます。けれど、私は今とてもつらい、というメッセージになっていて、（本人の）心情を知ってほしいとSOSを送ったと見られます」（「セクションTV芸能通信」MBC）

そのSOSを見逃さなかったマネジャーが近くにいたから、ク・ハラは一命を取り留められたのだったが、それから半年後の二〇一九年一一月二四日、自身を悲観するメモを残して自宅で遺体となって発見された。連絡がとれないことを心配した、長年親しかった家政婦が家を訪ねてのことだった。現場の状況から自死と見られている。

元交際相手は二〇二〇年一〇月、器物損壊と傷害、脅迫、強要などの罪で懲役一年の実刑が確定している。

病院内に設けられたク・ハラの祭壇（2019年、代表撮影／AP／アフロ）

ク・ハラの友人の死

このク・ハラの自死に影響を与えた可能性のある出来事がその直前にあった。ク・ハラの死のひと月ほど前の二〇一九年一〇月、ク・ハラの親友ともいわれていたソルリ（二五歳）も自死を遂げていたのだ。

ソルリは韓国の人気女性ガールズグループ「f（x）」（SM社所属）の元メンバー。当日、仕事が入っているのに、前日の夕方以降、連絡がとれないことを心配したマネジャーがソウル市近郊にある自宅を訪ねて分かったという。

ソルリの訃報が伝えられると、彼女の死は「悪質リプライ（悪質な書き込み）」と「女性嫌悪（ミソジニー）」に苦しめられたためとする怒りがSNSで広がった。

ソルリは一一歳だった二〇〇五年、韓国の大河ドラマ『薯童謡《ソドンヨ》』でデビューした。〇九年には、SM社から五人組のガールズグループf（x）のメンバーとしてK-POP界へ登場。あっという間に人気アイドルとなった。しかし、一四年には活動をいったん休止。一五年にf（x）を脱退した後は、歌手兼俳優として活躍の場を広げていた。エンタメ業界に詳しい韓国紙記者は言う。

「まさにアイドルといわれた愛くるしい容貌と天真爛漫なイメージで人気を得ましたが、その自由奔放さが時に誤解を受けて物議を醸し、悪質な書き込みに酷く悩まされていたと伝えられています。一四年に活動をいったん休止したのも原因は悪質な書き込みといわれています」

活動を休止したきっかけとなったのは、一四歳年上のヒップホップ歌手との交際報道だった。

交際が囁かれたのは二〇一三年九月。この時ソルリも相手の男性も報道を否定したが、一年後、再びふたりの写真が公になり交際を認めると、悪質なリプライがネットの掲示板やニュースの書き込み欄に乱舞した。「認めるならなぜ最初は交際していないとうそをついたのか」などから始まって、一四歳年上の男性との交際は適切ではないと非難したり、（ソルリと相手が）活動のジャンルが異なることを指摘したり。活動休止後には、ソルリが主役を務めた映画が公開されたが、それにも「もう引退しな。そんな精神状態で何ができるんだ」や「ああ、役者に乗りかえるというわけですか」など「あきれるほどいわれのないものや、口にするのもおぞましい誹謗中傷が殺到した」（前出の韓国紙記者）という。

この時の心境をソルリは、「どこにでもカメラがついているみたいに感じられて、一時期は路地裏ばかりを歩いていた」と自身がメインキャストとして出演していたトーク番組「悪質リプライの夜」（ＪＴＢＣ）で明かし、一時対人恐怖症とパニック障害を患ったと告白していた。

同番組はタイトルどおり、悪質リプライを題材に、これとどう向き合っていくかについて真摯《しんし》に考えるものだった。

数人の出演者が各自、自身に来た悪質リプライなどを取り上げてそれをどう解釈し、どう受け止めていくかについて話を進めていく内容だ。同番組では、ソルリは、「麻薬を使うと瞳孔が開くことを知ってる？　ソルリの瞳孔を見てみ。（麻薬）常習者だよ」という自身への悪質リプライを紹介し、「私は法を犯すようなことはしません」ときっぱりと否定した。そして、「ここで（麻薬検査のために）髪の毛を抜いてもいいですよ。あっ、私、髪の毛とまゆげは脱色していますが、でも、脚の毛はあります」と笑いを誘ったりもしていた。

蔓延する「悪質リプライ」と法規制

韓国のネットユーザーによる悪質リプライはこれまでも問題になってきた。

二〇〇八年一〇月に国民女優ともいわれた人気女優のチェ・ジンシルが自死した際には、ネット上に拡散されたフェイクが入り交じった情報を元にした悪質リプライによる虚偽を苦にしてとされた。

当時、ネット上の匿名ユーザーの書き込みによるサイバー暴力が問題化していた。このチェ・ジンシル自死事件も大きなきっかけとなり、前年に導入されたインターネットへの書き込みに実名登録を義務付ける制度が拡大強化された（この実名制は二〇一二年に「表現の自由を萎縮させる」と違憲判決が出て現在は無効になっている）。

ソルリとク・ハラの死後、韓国の大手ポータルサイトの芸能ニュースジャンルのコメント書き込み欄は廃止されたが、悪質リプライはＳＮＳやYouTubeへと舞台をかえて今も続いている。

「こんな番組（「悪質リプライの夜」）が成り立つくらい韓国社会の悪質リプライ文化は危険な水準に達しているとみんな思っている。ソルリが出演を引き受けたのは自ら悪質リプライを克服しようとしていたからでしょう」（前出の韓国紙記者）

しかし、同番組にはソルリの死後、「ソルリを追い込んだ」として非難が殺到し、放送を終了している。

ソルリが再び、悪質リプライの標的になったのは一九年四月。自身のインスタグラムでブラジャーをつけずに、酔った姿でライブ配信を行った際、胸に言及する書き込みが集中した。それに対しソルリは「視線強姦する人はもっと嫌だ」と言い、物議を醸した。「視線強姦」とは見られる側の意思に反し不快な視線を向けることを指す、韓国におけるネット用語だ。

前出の番組でこのインスタグラムでのライブについてとりあげられた際にも「（女性にとって）ブラジャー着用は必須ではなく選択であって、アクセサリー」と再度コメントすると、ネット上の悪質なリプライはさらに増殖した。また、女性の堕胎を違法とする堕胎罪に違憲判決が下りた際には、「栄光の日ですね。すべての女性に選択権を」とコメントすると、これもバッシングの対象になった。

この頃から、「悪質リプライ」を書く者たちはソルリを「奇行」「構ってちゃん」と蔑み、彼女の行動ひとつひとつに悪意を込めた書き込みが多くなった。

ソルリの死についてのネット上の追悼書き込みにも「悪質リプライ」は止まず、報道各紙も「悪質リプライに苦しんだソルリへの追悼文に……お前も死にたいか？　また悪質リプライ」（朝鮮日報、一九年一〇月一六日）「ソルリ追悼文にも悪質な書き込み……悪質リプライは顔のない殺人者」（中央日報、同）などと取り上げた。

「フェミニストファイター」

日本の報道ではほとんど触れられていなかったが、ソルリの言動はフェミニズムの視点から韓国の二〇代～三〇代の女性から少なくない共感も得ていた。

別の韓国紙記者は、「ノーブラ騒動や堕胎罪違憲への意見については女性から支持を受けたのもまた事実。今韓国社会に広がる〝女性嫌悪《ミソジニー》〟がソルリを標的にし、苦しめたという声もあがっています」と話していた。

海外ニュースメディアも、ソルリの「フェミニズムのアイコン」としての側面に触れて報道するものは多かった。

香港の「サウスチャイナモーニングポスト」は、ソルリを「フェミニストファイター」と称し、アメリカのＡＰ通信は、「ソルリはとても保守的な韓国社会でフェミニストとしての主張をし、反発を気にすることもなく行動する数少ない女性エンターテイナーだった」と報じている。同じくアメリカの芸能雑誌『ピープル』は、「スポットライトが当たっている間、自身のフェミニズム的理想について話をしていたソルリは、保守的な韓国社会を生きる他の同世代と一線を画した」と評した。前出の韓国紙記者は言う。

「韓国の女性アイドルには美しく、かわいく、そしてなにより柔順でなければならないというイメージがついて回る。ビジネスですからやむを得ないのかもしれませんが、韓国社会が持つ女性のイメージからいったん外れたことをすると、ここぞとばかりに悪質リプライというSNS上での集団暴行が始まります。

ソルリはまだ二〇代半ばでした。あれほどの悪質なリプライに向き合って耐えろというのは苛酷すぎる。精神が蝕まれてもおかしくありません」

「SNS上のセクシャルハラスメント、容貌への攻撃……毒キノコのように広がる〝ジェンダー嫌悪〟」（韓国日報、一九年一〇月一六日）と報じたところもあった。

女性芸能人はセクシーな女神？

韓国・中央大学社会学科のイ・ナヨン教授（当時）はこう話していた。

「ソルリさんの場合も、彼女はフェミニスト的な感性を持っていてそれを表現しましたが、人形のような存在でなくてはならない女性芸能人がモノを言うと、家父長的な社会では『生意気だ』などといわれ、否定されます。

女性芸能人は聖なる女神でなくてはならず、かつ、セクシャルな魅力もなければならない。矛盾した期待を背負う存在です。所属事務所も、女性芸能人を商品としか見ていません。女性芸能人がネットの書き込みで炎上しても話題になったとしか考えず、炎上をそのまま放置します。

ソルリさんが下着をつけない（ノーブラ）という発言をした時には、『雑巾』（韓国では性的に汚れた者という意味で特に女性を蔑む時に使われる表現）という書き込みもありました。娼婦だと。女性芸能人に対しては、コメントが性的な攻撃になる。

さらに、そうした悪意ある書き込みをまとめて記事にするメディアがあります。芸能人のＳＮＳを見ながら、悪意のコメントがつけば、その書き込みをことさらフレームアップして記事にし、酷い時はタイトルにまでして炎上を煽ります。そして、そんな報道でさらに悪意のある書き込みが繰り返される。女性芸能人は性的な対象として攻撃を受けます。男性芸能人には、『お前を強姦してやる』なんて書き込みはしないでしょう」

そして、Ｋ-ＰＯＰスターを生み出す構造にも触れた。

「ネットへの悪意のある書き込み、報道姿勢、そして、芸能界の構造自体にも問題があります。

幼い頃から練習生として、アーティストたちは他のコミュニティや家族から隔離されて、普通の日常から遮断されてしまう。長い人生から見れば、芸能人としてより、一人の人間として生きる時間のほうが長いのですから、人間としての力量を養わないとなりませんが、それができない仕組みになっている。しかも成功するのは一握り。投じた資金を事務所はその一握りから全部回収しようとしますから、売れているアーティストには無理を強いて途方もなく仕事をさせる。そして事務所は彼らの一挙手一投足すべてを管理しようとする。こうした構造自体が反人間的な状況だと思います」

ここ数年、韓国の芸能人の中には、悪質リプライに対して法的に対処するケースも増えている。

ソルリの死後、

「そこまで追い込まれる前に悪質リプライなら訴えればいいだろう」

そんな声も数多く聞かれた。

ソルリも生前、誹謗中傷を書き込んだ相手への訴訟を検討したことがあったという。しかし、その相手が自分と同年代であることを知ると、「同年代を前科者にするのは心苦しい」と取り下げたという。

「マーズ」騒ぎで女性嫌悪が拡大

女性たちのMeToo運動が広がる一方で、韓国社会では、「女性嫌悪《ミソジニー》」も深刻な問題となっている。ソルリへの悪質リプライの事件は、氷山の一角に過ぎないといわれる。

韓国での「女性嫌悪」問題の萌芽は、兵役義務を終えた男性に与えられていた「軍服務加算点制」（公務員試験などで加算点が与えられていた）が「女性や障害者などの権利を侵害する」として違憲となった一九九九年に遡る。この判決に、男性からは「苦労して軍隊に行っているのに女性たちがそれを認めない」「自分たちだけが犠牲になっている」などとする声が上がり、大きな論争となった。反動（バックラッシュ）が始まったのだ。

韓国ではこの頃から「女性嫌悪」が膨らんできたといわれている。

そして、それが一気に表面化したのは、二〇一五年五月に起きたウイルス性の感染症「マーズ（ＭＥＲＳ、中東呼吸器症候群）」騒ぎの際だったといわれる。

マーズは、中東から帰国した男性経由で韓国に持ち込まれたが、ネットでは、「香港に旅行した二〇代の女性が持ち込んだ」というフェイクニュースが流れ、当時、ネットには架空の女性への誹謗中傷が殺到し、「女性嫌悪」という表現で拡がったという。

折しも二〇一五年はアメリカで性差別の根絶やジェンダー平等などを提唱した動きが拡がっていた頃だったこともあり、それまでフェミニズムに関心がなかった女性たちも反応した。当時三〇代の女性はこう話していた。

「ネットの書き込みを見て、えっ、〝女性嫌悪〟って？　〝女性が虫けら〟って、どういうこと？　一体何が起きているのだろうと思ったことがフェミニズムに興味を持つきっかけになりました。ちょうど国際的にもフェミニズムの動きがあった時でもあったので、自分でもいろいろ調べました。上野千鶴子先生の『女嫌いを嫌悪する（原題は『女ぎらい――ニッポンのミソジニー』）』も読みましたよ」

「女性嫌悪」に対する怒りが一般にも共有されて、女性が声を上げ始めるきっかけとなったのが、二〇一六年五月に起きた江南駅殺人事件だ。

　これは地下鉄江南駅近くの地下にある男女共用の公衆トイレで、二〇代の女性が殺害された事件だ。当時三五歳だった犯人の男は三〇分ほどの間、トイレに入ってきた六人の男性を続けて見送った後、最初に入ってきた女性を殺害した。被害者は犯人とはなんの面識もなかった。犯人が殺害の動機として「数日前に（別の）女性にタバコの吸い殻を投げつけられた」と陳述したことが報じられると、「女性嫌悪による犯行だ」とあるフェミニズム団体からまず声が上がった。この声は一般の女性の間にも共感を呼び、被害者は自分だったかもしれないという意味から「生き残った」というハッシュタグがつけられてＳＮＳで堰を切ったように広がっていった。

　事件後、江南駅一〇番出口にあるガラスの壁は被害者の女性へ贈る追悼文を綴った付箋で埋め尽くされた。

　二〇一七年四月、犯人は懲役三〇年の実刑が確定した。

　裁判所は「相対的に弱者である女性を犯行の対象にした」としたが、「女性嫌悪」については動機として認めなかった。

ＡＩによるセクハラ

　近年の「ジェンダー」に関する問題は韓国社会でデリケートなものになっている。二〇二一年にはＡＩや創作物でのセクハラ問題が相次いで俎上《そじょう》にのせられた。順を追って見てみよう。

　二〇二一年一月、まず騒ぎとなったのは「人工知能（ＡＩ）イ・ルダへのセクハラ」だった。

「イ・ルダ」は、二〇年一二月下旬、韓国のベンチャー企業「SCATTER LAB（スキャッターラボ）」が発売した二〇代の女子学生をキャラクターに制作したチャットボット（CHATBOT）だ。

チャットボットとは、ＡＩが組み込まれた対話できるプログラムのこと。イ・ルダは、ディープラーニング（深層学習）の技術で利用者と会話を重ねていくことで学習する開発型チャットボットで、より自然な会話ができるようになっていた。

日本では、二〇一五年に日本マイクロソフト社が開発してＬＩＮＥに登場した女子高生をキャラクターにした「りんな」が有名だろう。りんなの技術を元にしたローソンの「あきこちゃん」を思い浮かべる人もいるかもしれない。もっと身近なところでは企業への問い合わせにネットで対応してくれるヘルプデスクもこのＡＩチャットボットだ。

技術の進化でより人間と自然な会話ができるようになったイ・ルダは公開されるやたちまち一〇代～二〇代の間で人気となった。スキャッターラボによると、利用者の八五％が一〇代で、二〇代は一二％ほど。一カ月足らずでおよそ八〇万人がダウンロードしたという。同社は日本のソフトバンクからも出資を受けたベンチャー企業（二〇一一年設立）で、日本でも人気の携帯アプリ「恋愛の科学」を開発したことで知られる。

ところが、年が明けた二〇二一年一月初め、利用者が「イ・ルダと性的会話を交わす方法」や「イ・ルダが服を脱いだ合成イメージ」「イ・ルダとフォンセックスする方法」などの猥褻《わいせつ》な内容をネット上にアップし始め、これが「性的に女性を搾取している」と波紋を呼んだ。

利用者と会話を重ねていくことで学習するイ・ルダの機能を悪用して、性的少数者や特定の人種へ嫌悪を露わにする言葉を習得させている者がいたことも分かり、ＡＩの倫理問題にも発展した。

二〇一六年、米国マイクロソフト社のチャットボット「Tay」がディープラーニングで人種差別発言を〝学習〟してしまい公開中止に追い込まれたが、同様の事件が韓国でも起きたのだ。

スキャッターラボの言によれば、性的少数者などデリケートなキーワードも自ら学ばなければならないと排除しなかったという。韓国では、これは社会的倫理を欠いた会社に責任があるとする声が圧倒的で、予見できた事故と分析していた。

イ・ルダは世の中から孤独をなくすことを目標としていたというが、結局、公開から三週間の一月一二日、イ・ルダの提供は中止された。

韓国の芸能人ＢＬ問題

「イ・ルダ問題」が韓国社会を賑わせていたさなかの二〇二一年一月、韓国の人気ラッパー、シンバが、「アルペス（ＲＰＳ）」を問題視する発言をＳＮＳに投稿し、「セクハラ」問題についてまた別の論争が巻き起こった。

アルペスは「Real Person Slash」の頭文字をとったもので、実在の人物、芸能人や有名人をキャラクターにした同性愛小説（フィクション）や漫画をいい、ファンフィク（ファンが書くフィクション）とも呼ばれる二次創作物だ。「Slash」は主に男性同士を題材にしたファンフィクという意味でも使われる俗語。たとえばＡ／Ｂ《エースラッシュビー》と書いて、ＡとＢとの性的な関係を描く、日本でいうところの「ボーイズラブ（ＢＬ）」のジャンルに近い。

このラッパーは、ファンのひとりのつぶやきから自身がキャラクターとして登場するアルペスを知り驚いたとして、「拒否できない立場にいる実在の人物を題材にして、変態的関係を描写する小説や漫画を販売し、これを集団で隠蔽し援護しているってどういうこと？」「韓国社会が警戒し、根絶すべき残忍なインターネット性犯罪だ」と批判した。

「アルペス」は欧米や日本でも人気のファンたちのサブカルチャーだ。韓国でも一〇代〜

二〇代に高い人気があり、日本から流入した文化とされ、九〇年代後半、韓国アイドル第一世代といわれる五人組のアイドルグループ「H.O.T.」から始まったというのが定説となっている。

作品の素材になればスターになった傍証ともいわれ、ファン文化の中でも閉鎖的な空間で行われているアンダーグラウンドの文化だったため、音楽事務所も黙認していた。

しかし、最近では普通に一般の人の目に触れるネット空間にも広がってきていた。未成年アイドルを素材にして、一線を越えた過激できわどい性描写作品もあり、一〇代のファンが自分の好きなアイドルを主人公にしたストーリーを注文し購入するような商取引がされ、社会的に問題視されるようになっていた。

ラッパーのアルペス批判には主に男性らが呼応していた。ラッパーの発言の意図は分からないが、アルペス批判の高まりには、MeTooなどから広がっているフェミニズム運動へのバックラッシュも透けて見えた。識者はその広がりの底流には「女性嫌悪」があると分析している。

アルペス批判に反発する女性たちは、女性芸能人の写真を合成し、ヌードなどの猥褻《わいせつ》な性的画像や映像を作る「ディープフェイク」こそが問題だと反駁した。ＡＩの発達などによりディープフェイク技術は日進月歩で発展しており、いまでは政治的にも問題になっている。

両者の争いは青瓦台ホームページの「国民の請願」の掲示板にも登場し、二一年一月一一日には、「未成年男性アイドルを性的な玩具にしているアルペス利用者を強く処罰してください」という請願スレッドが上がり、二〇万を超える賛同を得た。一方、その二日後には、「女性芸能人に苦痛を与える不法映像ディープフェイクを強く処罰してください」という請願スレッドが立ち、こちらは四〇万人近い人が賛同している（同年二月の各請願締め切り日まで）。

二〇万人を超える賛同が集まった請願には青瓦台が直接回答することになっており、同年三月、青瓦台はこれらの請願について回答した。前者については、二〇年五月から施行されている「性暴力処罰法」に則り、警察が随時捜査中だとした。後者は、「実態を把握することが優先」とし、ただし、「児童、青少年への性行為等を表現する絵などが含まれていたり、ディープフェイクなどを利用し性的な対象とした場合は処罰の対象になる」としたが、もちろん現在もネット上の論争は終わっていない。

被害女性七〇名以上の「n番ルーム」事件

二〇二〇年、韓国社会を震撼させたデジタル性犯罪事件、「n番ルーム」事件が発覚した。同事件については、アルペスを批判したラッパーが、「(アルペスは)〝n番ルーム〟に並ぶ」という表現を使うなど、韓国ではネット上の性犯罪史上特筆すべき事件となっており、今でも大きく扱われているので、この事件についても詳しく触れよう。

同事件は、ネット上のサービスを利用して、脅迫して得た女性の性的な写真や女性への暴行映像を有料で会員らと共有していた事件だ。

「n番ルーム」とは、サイバー空間に作られた複数のチャットルームの総称で、その中で際立って残酷な「博士ルーム」を運営していたチョ・ジュビン（当時二四歳）が二〇二〇年三月に逮捕されたことでその存在が明るみに出た。

チョは、SNSに「モデルのお仕事」や「オンラインデートのアルバイト募集」のような文言を掲載して、問い合わせをしてきた女性に顔と手が写った写真を送るよう促した。そうして、写真が送られてくると、ハッキングや役所で働く知り合いを使って女性の身元を割り出し、身元が特定できると今度は性的な写真を送ることを要求した。相手が断ると、身元情報をもとに脅迫。さらには、人を使って女性を性的に暴行するなどした映像を撮影して、チャットルームにアップしていた。

「博士ルーム」は、写真や動画の内容別にさらに三つのチャットルームに分けられていて、無料の「お試しチャットルーム」で好奇心をくすぐった後、各ルームへ誘導していた。

入場料金は、二〇万ウォン（約二万円）から一五〇万ウォン（約一五万円）と分かれており、料金によって見られる映像や写真に違いをつくっていた。彼らは入場料を映像製作の〝支援金〟と嘯《うそぶ》き、女性を蔑んで「奴隷」などと呼んでいた。身体に虫などの異物を入れられたり、便器の水を飲まされたりする姿を撮影され、映像を共有されていた被害者もいた。

警察の捜査によれば、チャットの参加者は一万五〇〇〇人ほど、被害女性は確認されただけで七四人。未成年者も相当数おり、そのなかには一四歳の被害者も複数いた。自ら命を絶った被害者もいたことがわかっている。「博士ルーム」や他の「ｎ番ルーム」もＬＩＮＥのようなチャッティングアプリ「テレグラム」を利用していた。「テレグラム」についての情報は確かではないが、韓国の若い世代には、同サービスの拠点はロシアにあり、韓国の捜査が及ばないと思われており、〝反権力〟的なイメージで捉えられていた。

韓国のプロファイラー（犯罪心理分析官）の第一人者は捜査過程をこう解説してくれた。

「デジタル性犯罪の撲滅を目的に活動している市民団体のメンバーが会員を装って入室。その会話記録を警察に提供し、捜査依頼をしました。警察はこの情報をもとにまずＩＰアドレスを突き止めました。しかし、犯人は身元を追跡されないよう、自宅ではネットを使わず、ネットカフェやＷｉ－Ｆｉがある公共の場、移動中のバスの中などで投稿していた。警察はそれぞれの場所を特定し、出入りする人物を洗い出し、クロスチェックしながら容疑者を絞りました。

容疑者が絞られてからは、携帯や自宅のパソコンのハードディスクにある動画などを押収して逮捕。また、今回は、入場料はビットコインなどの仮想通貨を使っていたものの、仮想通貨を現金に交換する際は、実名を用いなければならず、そこからも足がついたと聞いています」

ちなみに「博士ルーム」の存在を暴いたのはマスコミ志望の大学生（女性）だった。

サイバー空間では簡単に他人をコントロールできる

「博士ルーム」の主犯チョはすべての容疑を認め、「動機はカネだった」と告白している。「博士ルーム」を運営した一年足らずで、数億ウォン（約数千万円）もの大金を稼いでいたといわれ、家宅捜索では、自宅から一億三〇〇〇万ウォン（約一三〇〇万円）の現金が見つかっている。

チョは、ソウル近郊の短大で情報通信を専攻。成績は優秀で、大学新聞の編集長も務めていた。「博士ルーム」を運営しながら、実生活では保育園のボランティアなども行っていて、その二面性を専門家から指摘されていた。前出のプロファイラーはチョをこう分析していた。

「チョは、権力志向で、他人を支配したい。自分がのし上がるのではなく、他人を貶《おとし》めることで自分の権力を高めようとした。どこかの時点でサイバー空間では意外と簡単に他人をコントロールできるということを知ったのだと思います。

米国では二〇〇〇年代になってスーパープレデター（捕食者）という概念が現われました。サイコパスを支配するサイコパスを指し、サイコパスを通して利益を得ようとする存在です。米国では一〇代後半から二〇代前半のこうしたギャングのリーダー格を、先生、教授、博士（ドクター）と呼んでいました。『博士ルーム』の『博士』というネーミングがどこからきたのかはわかりませんが、スーパープレデターという概念を知っていて使ったのであれば、自分をそうした存在とみなしていたのかもしれません」

ＩＴ社会化とともにはじまったデジタル性犯罪

韓国ではこうしたデジタル性犯罪は一九九〇年代後半から出現していた。

韓国のインターネット黎明期の有名な事件として、「Ｏ嬢（オーヤン）ビデオ事件」がある。元ミスコリアだった女優の以前の交際相手が性行為をビデオに撮っており、交際相手の友人がそれをもとに女優に金銭を要求するなどして脅迫し、インターネット上に流出させた事件だ。元交際相手は、ビデオは知らぬうちに紛失したとしていた。

盗撮や盗撮した映像の流布、リベンジポルノなどの「サイバー暴力」や「デジタル性犯罪」に関連する事件は二〇一八年基準でそれまでの二年間で約三倍、盗撮に限ると六〜七倍にも増えており、前出のプロファイラーはこう警鐘を鳴らしていた。

「韓国は、こうした犯罪を監視せず、捜査もしてこなかったし、逮捕されても量刑は軽かった。法の空白をついたのがデジタル性犯罪ともいえる。まずは法の整備が急務で、根絶できるとはいえないが、今の状況を改善していかなければならない」

韓国で、過去に同じようなデジタル性犯罪で逮捕された中でもっとも重い量刑は懲役四年だった。これは日本も似たようなものだが、一方、アメリカでは終身刑になるケースもあるという。

　しかし、このn番ルーム事件が起きた後、韓国では「n番ルーム防止法」と呼ばれる「デジタル犯罪法」の改正案が国会で審議されて、二〇年五月から施行が順次始まった。

　また、韓国の性的同意年齢（性行為の同意能力があるとみなされる年齢）は、それまで日本と同じ一三歳だったが、この事件をきっかけに一六歳に引き上げられた。犯罪心理学者のイ・スジョン氏（京畿《キョンギ》大学教授）はこう語る。

「博士ルームでは〝グルーミング〟と呼ばれる、幼い子どもたちの心理を利用して接近し手なずける方法を使って中学生などを誘引していました。モデルの仕事といわれてもまだよく判断がつかない年齢です。皮肉なことですが、この事件から韓国社会では未成年者は絶対的に保護すべきだという認識が共有されました。これまで性犯罪事件では巻き込まれた未成年者も共犯者として処罰対象とみなされましたが、n番ルーム事件では被害者はひとりも処罰されず、支援を受けています」

　チョは二一年一〇月一四日、上告していた最高裁判所で児童・青少年性保護に関する法律違反や犯罪団体組織などの容疑により有罪となり、懲役四二年が確定した。

第八章　大きくなる韓流スターの政治的影響と「ブラックリスト」

BTSの国連スピーチ

二〇二一年七月二一日、韓国の青瓦台（大統領府）は、国連に招かれた「BTS」を「未来世代と文化のための大統領特別使節」に任命した。

その二カ月後の九月二〇日、BTSは国連のイベント「SDG（持続可能な開発目標）モーメント」で、コロナ禍を生きる若者たちへのスピーチを行い、「未来への希望」を強く語りかけた。BTSの国連でのスピーチは二〇一八年から数えてオンラインも含めて三回目。いずれも国連からの要請に応じたものだ。スピーチの様子やパフォーマンス、そして国連グローバルコミュニケーション局事務次長によるインタビューは国連の公式 YouTubeチャンネルで公開され、パフォーマンスの再生回数は一日で一三〇〇万回を超える新記録を達成した。

BTSが国連のイベントに参加する一方、文在寅《ムンジェイン》大統領も訪米して国連総会に参加していた。総会で演説を行った後、文大統領は、米メディアでのインタビューや美術館探訪などをＢＴＳと共に行動しており、韓国では、ＢＴＳの特別使節任命なども含めて、韓国政府がＢＴＳを利用しているのではないかという批判が挙がった。

韓国エンタメ産業の存在がグローバル市場のなかで大きくなると同時に、政治的にも国際的な影響力を持つようになった。それはスターたちが、韓国国内での在り様と、国際関係との狭間で難しい対応を迫られることでもある。

政治的トラブルとは無縁な存在に思われるＢＴＳも二〇一七年のライブでは、ナチスの旗を連想させるデザインの旗を掲げる演出をしたとされて問題になり、メンバーが過去にナチス親衛隊のロゴを入れた帽子を身に着けメディアに露出していたことと合わせて、ユダヤ人人権団体「サイモン・ウィーゼンタール・センター」から抗議を受け、謝罪している。

韓国の両隣、日本と中国については、輸出規模が大きいだけでなく、その歴史的経緯から政治的にもとりわけ敏感になる。

二〇一八年には、ＢＴＳは日韓双方で政治的なトラブルを経験することになった。順に見ていこう。

秋元康氏は右翼？

二〇一八年九月、ＢＴＳの所属事務所ＨＹＢＥ社（当時はBig Hit エンタテインメント、以下同）のパン・シヒョク氏は、秋元康氏とタッグを組み、日本オリジナル楽曲として秋元康作詞の「Bird」をＢＴＳの日本版シングルに収録することを発表した。

YouTube 国連公式チャンネルで公開されたBTS のパフォーマンス（YouTube より）

秋元康氏といえば、日本では八〇年代の「おニャン子クラブ」から始まって、近年では「ＡＫＢ48」や「乃木坂46」など「会いに行けるアイドル」というコンセプトの仕掛け人であり、これらのアイドルの楽曲に歌詞を提供して彼女たちのＣＤを大量に売りさばく、巨大な力を持つプロデューサー、そんなイメージだろうか。今の日本の大衆文化の〝現実〟を作り上げたことは間違いない。

しかしこの発表の三日後にはコラボは白紙となり、

二カ月後の一一月七日にリリース予定だったシングルでは別の人物の作詞に差し替えられるという騒ぎがあった。

コラボ計画が発表されるやいなや、ＢＴＳのファンをはじめとして、他の韓流ファンからも猛反対する声が上がった。

韓国のファンの反対の理由には、安倍晋三首相（当時）との深いつながりを理由に挙げている人が多く見られた。

安倍首相は二〇一三年のクールジャパン推進会議で秋元氏と知り合って以来、関係を深め、一五年には、安倍首相と秋元氏とのツーショット写真が写真週刊誌に掲載されたことでその関係は公然のものとなっていた。一七年七月には、前月に沖縄で開かれたＡＫＢ総選挙で国費が費やされたことが日本では問題化している。

そして、韓国での安倍首相像は、改憲を掲げ靖国神社に参拝するなど、日本の軍国主義の復活を目指す政治家というものだ。安倍首相と親密な関係にある秋元康氏とのコラボは、韓国のＢＴＳファンにとって、到底受け入れられないものと映った。

「秋元康は右翼性向の濃い安倍政権の政策に主導的に参与している人物」「第二次世界大戦の戦犯国家の戦争美化は、韓国だけでなく世界的にも多くの非難を浴びている」「世の

中に向けた防弾少年団（ＢＴＳ）の真心が毀損《きそん》されることがないよう守ってくれることを祈ります」（韓国ＡＲＭＹ要求事項より）

　また、別の韓流ファンの団体は「秋元康氏が女性を商品のように扱っている」「（秋元氏が作詞した）歌詞は女性を卑しめ、セクハラ的」と非難した。

　ツイッターなどのＳＮＳを見ると、日本の「ＡＲＭＹ」も同じ意見で、そうした理由から日本では「日本ＡＲＭＹは秋元康を本当に嫌っています」や「秋元康が嫌だ。ＡＫＢじゃん、そこに（間接的に）オカネが入るのは嫌だ」など秋元氏自身を非難する意見が多く書き込まれていた。

　韓国では秋元氏が過去に書いた歌詞における女性認識も問題になっていた。

　一九八五年の秋元氏の出世作、おニャン子クラブ「セーラー服を脱がさないで」では、「友達より早く／エッチをしたいけど」「おばんになっちゃう」という歌詞に対して、「パパとママに秘密で外泊するからその時に脱がせてって。歌っている本人たちは歌詞の意味を判って歌ったのだろうか」などの批判が書き込まれた。また近年のＨＫＴ48「アインシュタインよりディアナ・アグロン」（二〇一六年）は、教科書に載っているアインシュタインよりも、アメリカのセレブ女優ディアナ・アグロンが好きだという歌詞内容で、「女の子はかわいくなきゃね、学生時代はおバカでいいという歌詞は女性を完全に見下している」などと書き込まれた。ディアナ・アグロンは、当時大人気だった米テレビドラマ『glee』の主要登場人物のひとりを演じて人気を得ていた。

これまで触れたとおり近年、韓国社会は女性差別的なものに敏感になっている。ＢＴＳはメンバーが作詞作曲することでも知られるが、その歌詞の中に「女性嫌悪《ミソジニー》」的な表現が含まれているとし、「韓国ＡＲＭＹ」は二〇一六年五月、ＢＴＳとＨＹＢＥ社へ公式にそうした表現についての説明を求めたことがあった。

問題視されたのは、二〇一四年に発売されたＢＴＳのリーダーＲＭらが作詞に参加した「ホルモン戦争」や「Can You Turn Off Your Phone」など五曲だった。前者では歌詞にある「オンナは最高のギフト」という表現や、後者では「食事を目で食うのか、女の子みたいに」というものなど、女性を商品のように扱っていることが指摘された。

この二カ月後、ＢＴＳとＨＹＢＥ社は回答としてこんな公式コメントを出し謝罪している。一部抜粋しよう。

「歌詞についてミソジニーに関する議論がされていることを知り、創作意図とは異なり女性を侮辱していると誤解される可能性があり、そのために多くの方々を不快にさせる可能性があると判断しました。（中略）Big Hit エンタテインメントと防弾少年団のメンバー全員は防弾少年団の歌詞とＳＮＳのコンテンツにより不快にさせてしまった方々とファンの皆さまに心より深くお詫び申し上げます。（中略）至らない点について指摘していただければさらに努力し、ファンと社会のアドバイスに耳を傾けるようにします」

その後、リーダーのＲＭは歌詞について女性学の教授に教えを請うたり、関連書籍を読んでいることなどが伝えられていたが、二〇二一年九月、国連でのスピーチ後に出演したアメリカのＡＢＣ放送の報道番組「Good Morning America」でもこう語っていた。

「個人的には二〇一五年と一六年、ミソジニーに関する指摘を多く受けました。そこから女性学の教授に歌詞について教えを受けたりしながら自らを振り返って、ジェンダーの役割や性平等問題に関して無関心だったのではないかと深く考えました。自分のできる範囲でこうした問題について関心を持ち、勉強しながら、（問題解決へ）寄り添っていける姿を見せたいと思っています」

ＨＹＢＥ社は秋元氏とのコラボにおける騒動について、「誤解の素地がある可能性があり、それにより多くの方に居心地の悪さを感じさせることを知った」とし謝罪している。

こうした背景を見れば秋元氏に関わる一連の出来事は自然な流れだった。

原爆Ｔシャツの波紋

秋元氏とのコラボが白紙になったひと月後の二〇一八年一〇月下旬、「ＢＴＳ」のメンバーがキノコ雲の写真がプリントされたＴシャツを着ていたことを日本の一部メディアが報じたことで、今度は日本で、「ＢＴＳは反日活動を支持している」と、ネットを中心に炎上した。〝原爆Ｔシャツ騒ぎ〟だ。

日本では、韓国のネットニュースが、「ＢＴＳは、反日としての堅固な歴史意識を持っている」とし、メンバーのジミンが以前にキノコ雲の写真がプリントされたＴシャツを着ていたことを紹介していたと報じられた。

このことが発端となって、原爆Ｔシャツの着用＝日本への原爆投下に賛成しているとしてＢＴＳのメンバーの行動が日本でも問題となり、ＢＴＳの日本でのテレビ出演（「ミュージックステーション」テレビ朝日）は一日前になって見送ることが発表された。

このＢＴＳのニュースを追いながら、韓国の人々の反応に、原爆を巡る認識の違いを痛感した。

ＢＴＳのテレビ出演見送りを元徴用工判決（二〇一八年一〇月三〇日）への報復と捉え、

「徴用工判決に文化報復する稚拙な日本」（東亜日報、同年一一月一日）と報じるメディアもあった。しかし市井《しせい》の人々の声を拾ってみると、まったく異なる反応だった。

「韓国では学校でも原爆投下で日本が戦争に負けて、韓国は日本の植民地支配から解放されたと教えられているし、実際そう思っている。決して原爆を称賛しているのではなくて、自分たちが解放されたことに重きを置いている」（四〇代主婦）、こんな見方が大半だった。

「解放」のシンボルとしての原爆と、多数の犠牲者を出した原爆――。

　アメリカで学んだ日本の知人は、公共政策の講義で、一九四五年の原爆投下についての議論に及んだ際、五〇人いた学生の中で自分を除いた全員が「必要悪」と答えたことに愕然としたという。

　戦後五〇年にあたる一九九五年に、ＮＨＫが複数の国で行った調査がある。「アメリカが広島・長崎に原爆を投下したことは、その当時としては正しい選択だったと思いますか、それとも間違った選択だったと思いますか」という質問で「正しい選択」と回答した人の割合は、アメリカ（六二・三％）と韓国（六〇・五％）で六割を超えた。

　その二〇年後の二〇一五年にアメリカの調査会社（ピュー・リサーチ・センター）が日米で行った調査では、アメリカで「（原爆投下は）正当だった」が五六％、「正当でなかった」は三四％とわずかながら変化がみられたが、それでも正当だとする声が過半数だ。
単純に括《くく》ることなどもちろんできないが、原爆は「絶対悪」と考える日本や、「必要悪」と判断する人が多いアメリカ、「植民地からの解放」ととらえる人が多い韓国など、原爆投下を巡る認識には大きな隔たりがある。

こうした韓国国内での認識のズレにもっとも苦しんできたのは、ほかならぬ韓国人原爆被害者の人たちだといわれてきた。

韓国の原爆被害者はこの騒ぎをどう見たのか。被爆者二世で韓国原爆被害者協会ソウル支部長（当時）のイ・キヨルさんを訪ねて聞いた話を紹介しよう。

韓国内の原爆被害者

韓国原爆被害者協会ソウル支部はソウル市中心部から地下鉄で一時間ほど。高層ビルやマンションがそびえるソウルの発展からは取り残された、古びた低層のアパートが建ち並ぶ一角にあった。

「被爆者について語ると、韓国人の被爆者について知らない若い世代には、『韓国にいつ原爆が落ちたのですか』と質問してくる人もいたりする。私たちは韓国でも存在しているのに、いないも同然の存在なのです。だから、Tシャツが問題になったことで逆にみなさんに広く知ってもらえる機会になったと思っています」

イ・キヨルさんはそう言う。

イさん一家は、父親が出稼ぎに出た広島の己斐《こい》町（現在は広島市西区）で被爆した。己斐町は原爆の爆心地からおよそ二・四キロのところ。資料によると己斐駅の駅舎は爆風でほとんどが倒壊したとあり、イさんの家も爆風で崩れた。

「私は当時幼かったのでその雰囲気は思い出せませんが、両親や姉から聞いた話では、日本から解放された直後（終戦直後）の韓国人社会は解放の喜びにあふれていて、被爆したつらさなんてとても口にも出せない雰囲気だったそうです」

終戦を迎え、その年の一〇月末にイさん一家は故郷の陜川郡《ハプチョン》に戻った。

「村には日本から帰ってきた人が多くて、今でも記憶に残っているのは、村でしばらく日本語が飛びかっていたことです。数年、いや、もっと使っていたかもしれません。解放されたのに、口に馴染んでいたのでしょうねえ」

陜川郡は、釜山から車で二時間ほどいった山間の村で、大半の働き手は徴用されたり、貧しかったため日本に出稼ぎに出ていったという。今でも多くの被爆者がここに住み、二〇一七年には原爆資料館が建てられ、韓国では「第二の広島」とも呼ばれている。

「幼い頃、村の外れの家に年中、部屋に籠《こ》もっている女性がいました。顔を見たのは一度きり。ドアのすき間からちらっと見えただけだったのですが、目がぎょろっとしていて、火傷痕だったのか、顔はただれていた。怖くなって一目散に家に帰りました。その女性が被爆者だったと知ったのはずいぶん後のことです。当時は村の中でもそんなことを言える雰囲気ではなかったんですね。

でもね、今でも、同じような状況です。互いが被爆したことを知っている親戚どうしでも、話題にしようとすると遮《さえぎ》る者がいる。自分の仕事に差し障りがでるから、口は慎んでくれというんです」

そういうイさんも、ソウルに住む今も被爆二世だということを子供たちには伝えておらず、原爆被害者協会に登録したのも、子供たち全員が巣立ってからだったそうだ。

広島や長崎では数万人に上る朝鮮半島出身者が被爆したとされるが、二〇一八年の調査では、二二八三人の原爆被害者が生存していることがわかっている。

今回のＢＴＳのＴシャツ騒動をめぐり、韓国原爆被害者協会は「全世界に原爆の被害を伝えることができてよかった」というコメントを出した。

日本原水爆被害者団体協議会の木戸季市《すえいち》事務局長は、ＢＴＳの所属事務所ＨＹＢＥ社の謝罪にこうコメントした。

「こうした表現を巡る問題については対決や分断を煽るのでなく、対話を通してお互いの理解を深めるほうが望ましい」

ソウル郊外の韓国原爆資料室。千羽鶴は日本から贈られた（筆者撮影）

　この騒動の後、韓国ＡＲＭＹは世界の他のファンダムなどの反応を収集し、その考察をひとつの「白書」としてまとめていた。レポートの末尾は、ニュースに振り回されないように政治、歴史、文化的背景と雰囲気について確かな理解を積み、日本原水爆被害者団体協議会と韓国原爆被害者協会が出した言葉を謙虚に受け止めて、これを機会に共有する価値について記憶しようと結んでいた（『WHITE PAPER PROJECT』より）。

　ＨＹＢＥ社は、二〇一八年一一月一三日、公式ツイッターなどで謝罪文をだした。内容をかいつまんで紹介すると、「ＢＴＳをはじめ、すべての所属アーティストの活動において戦争、原爆などを支持せず、反対し、原爆投下で被害を受けられた方々を傷つける意図は全くなく、今後もないことを明確に明らかにします」とし、「アーティストが着用したことで原爆被害者の方々を意図しないまま傷つけたこと、および、アーティストと原爆のイメージが重なるようにみえたことで不快感を与えたことにつきまして心から謝罪します」と続けている。

同社は謝罪のために韓国の陜川郡にある原爆被害者協会も訪れたという。その場に同席したソウル支部長のイさんは、この機会に韓国原爆被害者のことを韓国で知ってもらうために、毎年行う式典にＢＴＳに参加してもらえないかと頼んだそうだが、

「三年先までスケジュールが決まっているといわれてしまいました。式典に参加してもらうのは少し先になりそうです」

そう苦笑いしていた。

「恐中症」

近年、日本以上に、難しい関係になっているのが中国だ。韓国にとって、中国は巨大な貿易相手国。韓国の輸出では二五・八％、輸入でも二割ほどを占め、二位以下を大きく引

き離している。ちなみに輸出の二位はアメリカ（一四・五％）、日本は五位（四・九％）。輸入では二位のアメリカ（一二・三％）に続き、日本（九・八％）が三位と続く（二〇二〇年の実績、韓国貿易協会資料より）。

韓国には「恐中症」という言葉がある。

もともとスポーツをめぐる言葉で、韓国になかなか勝てなかった中国のサッカーチームが韓国戦になると震え上がってしまうという意味で中国で使われた「恐韓症」を逆にもじったものといわれる。この言葉は、韓国と中国の間で起きた「ニンニク紛争」から使われるようになった。

これは、二〇〇〇年六月、韓国が国産ニンニク生産業者保護のためにとった中国産の冷凍品と加工ニンニクの関税率を高めるセーフティガード措置が発端となったもの。その一週間後、中国は報復として韓国製の携帯用無線とポリエチレンの輸入を止めた。韓国は慌てて関税率を引き下げている。恐ろしや中国、というわけだ。

もちろん、韓国エンタメ界にとっても中国の影響力は大きい。

二〇一六年一月、日本でも人気の九人組ガールズグループ「ＴＷＩＣＥ」のメンバー、台湾人のツウィが中国への謝罪に追い込まれた。

ツウィは、二〇一五年にＴＷＩＣＥのメンバーとしてデビュー。韓国のアイドル人気ランキングでは常に上位にあがり、アメリカの映画評論家による「世界で最も美しい顔　一〇〇人」（二〇一九年）に選ばれるなど、人気のメンバーだ（第四章Ｐ87写真参照）。

　発端は中国寄りの男性台湾人歌手によるＳＮＳ上での非難だった。ツウィが韓国のバラエティ番組に出演した際、台湾の国旗を手にしていたことが問題視されたのだ。中国は今も「中国は一つ」として、台湾を国として認めていない。国旗はスタッフが用意したもので、手にしたのも番組冒頭だけだったが、中国で物議を醸すと、所属事務所のＪＹＰ社は早々に収拾を図り、ツウィは自ら謝罪した。

「中国はひとつしかなく私は中国人であることをいつも誇りに思っている」、そして、「中国人として海外で活動しながら私のミスにより会社、両岸（中国と台湾）のみなさまを傷つけたことになってしまったことをとても申し訳なく思っています」と続けた。

　ツウィの言葉を聞くと、やるせない現実に胸がふたがれた。ツウィは一九九九年生まれ。当時、一六歳だった。台湾では、この謝罪について「十分に理解できる」という声が多かったという。

　朴槿恵《パククネ》大統領時代（二〇一三年二月～一七年三月）には「蜜月」と呼ばれるほど接近し

ていた時期もあった韓中関係だったが、一転したのは二〇一六年七月。韓国が在韓米軍のＴＨＡＡＤ（高高度防衛ミサイル）配備を発表すると、中国は韓国への経済報復も辞さないことを表明した。中国では、ＴＨＡＡＤ配備が対北朝鮮というのは表向きの理由で、実際には中国を牽制したものと捉えられていたためだ。

　中国はＴＨＡＡＤのために敷地を提供した韓国の財閥ロッテグループに対して、法令違反を理由に中国国内の店舗の営業を停止させ、また韓国企業の製品への不買運動をあおった。この時、自動車、化粧品業界は大きな痛手を受けている。

　続いて、韓国への観光も制限されて、翌一七年には、韓国を訪れる中国人観光客は激減した。ノービザ制度を導入し、観光客の九九％が中国からといわれた済州《チェジュ》島での打撃は特に大きいといわれた。

　さらに中国が行ったのが、韓国エンタメの締め出しだった。韓国では「限韓令」と呼ばれるもので、具体的には、韓流スターのファンミーティングやコンサートの中止、韓国エンタメコンテンツの新たな契約を禁止したり、韓国製ゲームの輸入を禁止した。文字通り、中国から締め出した。

ＢＴＳが中国を侮辱した？

二〇二〇年には、ＢＴＳの朝鮮戦争をめぐる発言が中国人のナショナリズムに火をつけることになった。

二〇二〇年は、朝鮮戦争が始まった年から七〇周年に当たる年だった。

アメリカ・ワシントンＤＣには米韓交流組織「コリア・ソサエティ」という団体があり、毎年、米韓関係の発展に貢献した人物や団体を称えて、「ヴァン・フリート賞」を贈っている。二〇二〇年には、大韓商工会議所などとともにＢＴＳが選ばれた。

賞の名は、朝鮮戦争で国連軍と米軍司令官を務めたジェームズ・ヴァン・フリート大将にちなんでいる。「コリア・ソサエティ」もヴァン・フリート大将が一九五七年に設立した団体で、授賞は一九九五年から。過去には金大中元大統領などが受賞している。

中国で物議を醸したのは、一〇月七日、ＢＴＳのメンバー全員が受賞のコメントをした後、最後にリーダーのＲＭが英語で話したこんな内容だった。

「今年は朝鮮戦争七〇周年を迎えてその意味は格別です。両国が共に分かち合った痛ましい歴史と、数え切れないほどの人々（男女）の犠牲を記憶するでしょう。七〇年を経た今、私たちが生きている世界は以前よりもずっと近くなりました。さまざまな面で境界は少しずつ曖昧になっています。グローバル社会の一員として、より深い理解と連帯を築き、共に幸せになりましょう。ＢＴＳはこれからもヴァン・フリート賞の意義を忘れず、ベストを尽くしていきます。ありがとうございました」

　この中の、「両国（米韓）が共に分かち合った痛ましい歴史」の「両国」という部分に中国の一部ネットユーザーから怒りの声が上がった。

　朝鮮戦争は、一九五〇年六月二五日から南北間に起きた主権争いで、韓国では「韓国戦争」、または始まった日付から「ユギオ（六・二五）戦争」と呼ばれる。

　休戦成立後、朝鮮半島は米ソの介入により、南は大韓民国、北は朝鮮民主主義人民共和国を建て南北に分断された。朝鮮戦争は、韓国では一九五〇年六月二五日、北朝鮮軍が韓国に侵攻し、勃発したといわれている。韓国側には米軍を主体とする国連軍が、北朝鮮には中国の義勇軍が援軍として参加した。北朝鮮軍は釜山近郊まで南下し、韓国は一時瀬戸際まで追いつめられたが、その後持ち直した。一九五三年に休戦となり、ソウル北方の軍事境界線（三八度線）には今でもスイス軍とスウェーデン軍で構成される中立国監視委員会（ＮＮＳＣ）が常駐している。朝鮮半島はいまも休戦状態の分断国家だ。

　余談になるが、韓国南部にある釜山出身の五〇代後半の知り合いは、幼い頃、悪さをすると、親に「悪いことをしていると北が攻めてきて連れ去られる」と叱られ、いまも北朝鮮が攻めてくる悪夢にうなされることがあるという。朝鮮戦争当時には生まれていなかった韓国人にとっても、戦争はまだ過去になったわけではない。

ヴァン・フリート賞の成り立ちが朝鮮戦争に由来している歴史的背景から考えれば、スピーチの内容は常識内だろう。

しかし中国では朝鮮戦争は「抗米援朝戦争」と呼ばれ、「米国に抗して北朝鮮を援護した戦争」とされている。

中国の国営タブロイド紙「環球時報」は、「韓国と米国にわが両国という言葉を使用し、朝鮮戦争時の中国人の尊い犠牲を無視したことになる」とし、「BTSは抗米援朝の歴史をよく理解しないまま、中国を侮辱したことになる。国家の尊厳に触れたことは絶対に容認することはできない」と報じた（二〇二〇年一〇月一二日）。

BTSは中国でも絶大な人気を誇るが、BTSのファングッズだった携帯ケースを使っていたファンが見知らぬ人に襲われて全治一カ月のケガを負う被害に遭ったという投稿もSNSに登場し、波紋が広がった。サムスン電子はすぐに中国インターネットショッピングモールでのBTSの限定版製品の販売を中断し、プロモーションにBTSが登場していた現代自動車グループやＦＩＬＡなども、ＢＴＳの画像を消したりした。

海外メディアは中国を批判

驚くべきことに、ネットユーザーだけではなく中国政府もこの件について言及した。中国外交部のスポークスマンは、定例の記者ブリーフィングで「ＢＴＳ問題に関する報道やネットユーザーらの反応に注目している」と発言し、これで一気に中国の〝政治的な発言〟として世界からも注目を集めることになった。

イギリスの「フィナンシャルタイムズ」は、二〇一九年にＮＢＡ（北米の男子プロバスケットボールリーグ）が香港の民主化デモを支持したという理由から中国で一年間の放映中止になったことに触れ、「中国に進出した外国ブランドが、中国の偏狭な民族主義の犠牲になった」と報じた。アメリカのロイターも、「今回の論争は世界二位の経済大国である中国で活動する企業の前には、政治的地雷が仕掛けられていることを知らしめた」と報道している。欧米のメディアは概ね中国へ批判的な立場で報じている。

韓国の「中央日報」は、この騒動からしばらくして、こんな分析記事を出した。

「『環球時報』が世論を煽った背景には、習近平国家主席が（二〇二〇年）一〇月二三日に行った演説を際立たせる目的があった」

この日、習主席は中国の朝鮮戦争参戦七〇周年を記念した演説を行っている。北京の人民大会堂で習主席は、朝鮮戦争を「中国軍が侵略するアメリカ軍を打ち破った」と演説。現在、中国への圧力を強めるアメリカに対して断固とした姿勢をアピールしたものだった。果たして、真相はどこにあったのか。

「限韓令」ふたたび？

二〇二一年、習近平政権の中国国内における文化締め付け政策によって、「韓流」への規制が再び強まった。同年八月には、中国の国営メディアが「ゲームは精神的阿片」と批判したのをかわきりに、未成年のオンラインゲーム規制強化に乗り出した。韓国製のオンラインゲームは韓国エンタメコンテンツの中でもドル箱といえる存在だ。またＫ－ＰＯＰスターについても、「体制に反する芸能人の活動制限」や「過度のファン活動の禁止」などの規制措置を打ち出した。

その波は当然、「ＢＴＳ」にも及んだ。

二〇二一年九月一日、ＢＴＳのメンバー、ジミンの中国のファンクラブは、ジミンの一

○月の誕生日に合わせて、韓国の済州《チェジュ》航空にジミンの写真やイラスト、お祝いのメッセージでラッピングした特別塗装機を用意し、一一月三〇日までの三カ月間運航される予定だと発表した。ソウルの街には、こうしたファンによる誕生日のお祝い広告がバス停や地下鉄の乗り換え通路などそこここに見られ、バス全体がお祝い広告でまるまるラッピングされていることもある。いずれもファンの募金によるものだ。しかし、中国のファンの募金規模は飛び抜けて多額で、スケールがあまりにも異なるとも言われてきていた。

中国のファングループアカウント「PARKJIMINBAR」によるBTSメンバーのラッピングジェットの告知（Twitterより）

例えば、二〇二〇年、やはりBTSのメンバーVの一二月の誕生日には、中国のファンクラブが募金によりアメリカの『TIME』誌に芸能人としては初めてのお祝い広告一頁を掲載し、ソウルの地下鉄全路線七〇〇〇カ所あまりにスクリーン広告を設置。そして、アラブ首長国連邦ドバイの世界最高層ビルでは、誕生日を祝うライトショーを開催した。さらには、中国の貧困地域や農村地域の教育環境改善のためのプロジェクトに小学校の建設基金を寄付。その小学校の名もＶの本名からとった「テヒョン希望小学校」としている。お祝いというより、もはや一大プロジェクトの様相を呈している。

ところが、ジミンの特別塗装機は「過度のファン活動の禁止」の対象となり、ジミンの中国国内のファンクラブは中国版ツイッター「ウェイボー（微博）」から六〇日間のアカウント停止処分を受ける憂き目に。ウェイボーでは他にもＳＭ社所属の「ＥＸＯ」メンバー、セフンのファンクラブなど二一のファンクラブのアカウントが停止処分になっている。

中国政府は、芸能人を富裕層の象徴とし、貧富の差を是正することを目的としているというが、事実上の韓流の取り締まりといわれている。

男性芸能人を悩ます兵役問題

二〇二〇年一二月一日、韓国国会で議決された兵役法改正のニュースは、「ニューヨークタイムズ」や、ＣＮＮ、ＢＢＣなどによって世界を駆け巡った。この改正兵役法では政府が定める条件を満たした特定のポップアーティストに限り入隊を二年延期できる。別名「ＢＴＳ法」と呼ばれるこの改正によって、「ＢＴＳ」の最年長メンバー、ジンが入隊期限直前で延期できるようになったことを海外メディアは報じたのだ。

兵役は韓国の憲法と兵役法により「国民男性の義務」として定められている。兵役法は少しずつ改正されてきているが、身体検査で問題がなく、病気や家を継ぐ者が不在などの特別な事情がないかぎり、韓国籍の男性であれば、現在は原則満二〇歳から二八歳までに兵役に応じなければならない（志願の場合は一八歳から軍に入隊できる）。学生であれば、それぞれの卒業（二年、四年、大学院）から二年まで延期ができ、医科大学の場合は、四学期ぶんが延期できる。

陸・海・空軍への入隊のほか、主に理工系分野で、修士・博士課程に在籍中か修了した者などには、軍が指定する研究機関や中小、ベンチャー企業での勤務が兵役服務として代替される（専門研究要員）。また技能を生かして指定された企業勤務（産業機能要員）をしたり、医学的に激務に耐えられない場合には、役所や福祉施設で働く場合もある（社会服務要員。以前は公益勤務要員と呼ばれていた）。いずれも軍事訓練（期間は入隊先による）が義務とされている。

服務期間はかつてより短くはなってきている。文在寅大統領は大統領選挙時（二〇一七年五月）にこの服務期間の短縮を、兵員削減とともに公約に盛り込んで、選挙前には大きな支持を受けた。現在もっとも兵役期間が長いのは空軍の二一カ月。短いのは陸軍、義務警察（パトロール等警官業務を行う軍人）などの一八カ月となっている。研究者などの兵役代替の企業勤務では服務期間は三年と長い。

兵役問題は、入隊する男性本人にとっても、その家族にとっても身近で切実な問題だ。入隊時に着ていた私服は、軍から家に送り返される。この服を受け取った時が、家族にとっていちばん悲しい瞬間だという。筆者の友人は、「服を見て、胸が締めつけられた」と語っていた。また北朝鮮との緊張がピークになった時には、前線に置かれた息子のことを思って眠れなかったという別の友人もいた。

だからこそ、誰もが好んで行きたいとは思わない兵役を回避する者には、それこそ容赦ない非難が飛ぶ。政治家などがその権力を利用して息子の兵役を回避していたことなどが明るみに出て、辞任に追い込まれたケースも一度や二度ではない。

韓流ブームが起きた二〇〇〇年代半ば頃から、芸能人を巡る「兵役免除」については、ことあるごとに論争が起きていた。

芸能人にとって人気絶頂の時に入隊しなければいけないというのはかなりのジレンマ。そのため、かつてはあの手この手で兵役を逃れようとしたり、実際に逃れた人も多かった。

入隊拒否＝「祖国への裏切り」

二〇〇二年に入隊直前で韓国籍を放棄した在米韓国人歌手、ユ・スンジュンは、韓国社会から追放されてしまった。

　ユ・スンジュンは一九七六年生まれ。中学一年生の時に家族でロサンゼルスに移住し、アメリカの永住権（グリーンカード）を取得。その後、アメリカでスカウトされ、九七年に韓国でヒップホップ歌手としてデビューすると、流暢な英語、圧倒的なパフォーマンス、そして敬虔なクリスチャンでタバコは吸わないといったギャップもあって爆発的な人気となった。

　アメリカでは、二〇〇四年に法改正される前までは、他国の軍隊に入隊した場合アメリカでの永住権が無効になった。それでも、ユは入隊する意志を表明して、〇一年夏には身体検査もすませ、腰の疾患を理由に当時としては服務期間の短い「公益勤務要員」としての服務が決定し、〇二年には入隊することが報じられていた。しかし、夫人と子どもが米国にいたユは、土壇場で米国の永住権を選び、市民権も取得して、韓国籍を放棄した。家族に請われたとも報道されたが、韓国では「裏切り者」のレッテルを貼られ、ブーイングの嵐となった。

そして、韓国の兵務庁の法令により、ユは韓国への入国が禁止された。

ところが話はここで終わらない。月日は流れて二〇一五年。ユは、韓国へ入国するための在外同胞ビザの発給申請を在米領事館に拒否されると、韓国の裁判所に行政訴訟を起こし、同時にYouTubeを通じて、兵役に就かなかったことについて跪《ひざまず》いて謝罪もした。

裁判は一審、控訴審ともユの敗訴になったが、二〇一九年、最高裁判所で差し戻しとなり、二〇二〇年三月には、最高裁判所でユが勝訴した。

しかし、この判決にもかかわらず、同年七月、ユが居住しているロサンゼルスの総領事館は、「大韓民国の安全保障と秩序維持、公共福利を阻害する」という在外同胞法を根拠に再びユの在外同胞ビザ発給を拒否してしまう。

ユは二〇二〇年一〇月、今度は韓国の行政裁判所に自身のビザ発給を拒否したＬＡ総領事館を相手に訴訟を起こし、二一年一月には、自身のYouTubeチャンネルを通じて韓国政府の対応について口汚く批判している。

兵役をめぐって炎上するスターたち

日本人から見ると、殺人や傷害などの罪を犯したわけでもない、既に外国籍となったアーティストの入国を、二〇年近く拒否し続ける韓国政府の対応には首を傾げたくなるだろう。

　アーティストに限らず、余裕のある家では息子を欧米に留学させ、彼の地の市民権を取得させて兵役を回避している人は筆者の周りにもいくらでもいる。

　しかしある知人は、「軍隊での生活がどれほどつらいか。一〇年間くらいは夢にまででてくるほどだ。兵役回避は絶対に許されない」（四〇代男性）と語る。実際に息子を入隊させた五〇代の友人は、ユについて「みんな兵役は避けたいと思っている。アーティストとしてみなの注目を集め、入隊する素振りを見せながら、なぜあんな風に韓国人を裏切ったのか分からない」と憤っていた。

　兵役に関する事件は他にもある。二〇〇四年には大々的な「兵役逃れ事件」が起きた。

　これは腎臓炎や腎盂炎《じんうえん》など偽の疾患をでっちあげて兵役を免れようとした事件で、警察が入手したブローカーの名簿に韓流スターのソン・スンホンとチャン・ヒョクの名前が見つかり、大騒ぎとなった。当時ふたりは人気絶頂のスターだった。

　非難囂々《ごうごう》の中、結局、ふたりは服務した。このふたりは謝罪し服務したことが〝免罪符〟となり、今でもスターとして活躍している。

また、二〇一二年に「江南スタイル」が大ヒットしたＰＳＹ《サイ》は二回兵役に就いている。情報処理技能士の資格を取得したＰＳＹは、兵役の代替として企業勤務が認められて、三年間服務した。ところが服務満了後、服務期間内にコンサートを開催したことなどが職務怠慢とみなされ、満了資格を取り消された。その結果二〇〇七年に三〇歳で一般兵役服務となった。

こんな紆余曲折の過程を経て、韓国の芸能界では、兵役を回避することはタブーのひとつとなった。ドラマ『愛の不時着』で再び人気となったヒョンビンなどはもっとも苛酷だといわれる海兵隊を志願したことで、さらに人気を高めている。

それでも入隊を延期しようとする芸能人は多い。人気があるスターやアイドルは入隊という空白期間により、人気を持続できないのではないかという不安がある。また所属事務所側からいえば稼ぎ時を逃してしまうことにもなるからだ。

「兵役免除」をめぐる闘い

韓国の兵役が免除される道は幾つかある。

二〇一八年六月二八日、韓国の憲法裁判所は、信仰による「良心的兵役拒否」について、現状の一部が「違憲」状態であるという判決をだした。

　この裁判は、二〇〇四年、「エホバの証人」の信者が信仰を理由に兵役を拒否したことに対する憲法裁判所の合憲の判断に始まり、合わせて兵役の代わりとなる代替制度が存在しないことは憲法違反だとして原告側が訴えていた。最終的に訴えが認められ、裁判所による政府への改善命令がでたことで、二〇年から、信仰による兵役の拒否＝良心的兵役拒否の場合は、三年間の刑務所でのボランティアが兵役に代わる義務として認められている。

　もうひとつ、兵役が免除される制度として、「兵役特例制度」がある。国際的な業績を上げ、「国威宣揚」したことで韓国に貢献した者に与えられる特典だ。

　体育分野ではオリンピックではメダル、アジア競技大会などの国際大会で金メダルを獲得した者（体育要員）、芸術分野では国際芸術コンクール二位以上の入賞者、国際大会のない種目では国内コンクールで一位となった入賞者が対象とされている（芸術要員）。

　二〇一八年夏のジャカルタ・パレンバンアジア競技大会で金メダルを獲得した選手たちは、兵役の「特例対象」になった。

　この大会で、韓国はサッカーと野球で金メダルを獲得し、サッカー選手二〇名と野球選手九名が兵役免除となった。ところが、彼らの一部はこれまで入隊を延期してきた選手だと指摘されていた。大会前から、兵役免除を狙って代表として選出されたという疑惑が燻り、理不尽だとする声が燃え上がった。

ＢＴＳ兵役法

そして注目されたのが、「ＢＴＳ」のメンバーの動向だった。

二〇一八年の法改正で、これまで認められていた二八歳から三〇歳までの入隊時期の延期が厳しくなったことで、二〇年一二月四日に満二八歳の誕生日を迎える、ＢＴＳの最年長メンバー、ジンの入隊が間もないと目されたのだ。

ＢＴＳの国際的な業績は華々しい。ＢＴＳは二〇一八年六月と九月にアメリカのビルボードチャート２００で一位になり、一八年一〇月には「国威発揚し、韓流と韓国語を広めた功績を称えて」、大衆文化で活躍する者に与えられる「文化勲章」を史上最年少で授与された。二〇年八月には同じくビルボードチャートＨＯＴ１００で韓国人として初めて一位になった。

こうした活動に「兵役免除の対象にすべきではないか」という声が与党の国会議員からあがった。

もちろん反発する声もあったが、二〇年一〇月の国会で審議され、同年一二月一日、兵役法改正が議決。「入隊延期」対象に「大衆文化の優秀者」が追加されることになった。これにより、ＢＴＳのメンバーは三〇歳になった年の一二月末日まで入隊を延ばせるようになった。

入隊延期の対象となるのは、大衆文化・芸術を管轄する文化体育観光相が、「文化勲章、褒章を受章した中から国威宣揚に貢献したと推薦する者」だ。文化勲章を受章していたＢＴＳは対象者ということになる。

ところが本来、文化勲章は、その分野で一五年間以上活動した者が対象とされていた。活動一〇年に満たなかったＢＴＳは例外として受章していた。

ＢＴＳのような例外的な受章でないかぎり、本来の「一五年以上の活動」という文化勲章受章のハードルを、兵役前に満たすポップアーティストが新たに生まれる可能性はかなり低い。韓国音楽コンテンツ協会の事務総長はこう皮肉った。「ＢＴＳ以外、実質的に誰も適用されない法案になるならばなんの意味があるのだろうか」

ＢＴＳにしか適用できない兵役法というわけで、「ＢＴＳ兵役法」とも呼ばれる所以《ゆえん》である。

二〇二一年一一月、再びＢＴＳの兵役免除について国会で議論された。しかし保留となり、次の国会で再々議論されるか注目されている。

ソルリ法、ク・ハラ法

韓国には世論で大きなイシューとなった後、法が改正されるケースは枚挙に暇がない。とくに改正のきっかけになったスターの名前が通称となる法律も多い。

ソルリが亡くなった後には、悪質リプライを取り締まる「ソルリ法」＝「情報通信網法改正案」についての議論が始まり、二〇二一年四月に議決、一二月から施行された。これは、インターネット上での準実名制で、これにより一〇万人以上が利用するインターネットサイトの運営者は放送通信委員会（大統領直属機関）の求めに応じて書き込みの投稿者のＩＤを公開することが義務づけられた。違反すれば三〇〇〇万ウォン（約三〇〇万円）以下の過料が科される。

かつて、やはり悪質リプライが問題となりインターネットの書き込みへ実名登録が義務づけられるなど規制が強化されたことがあったが、この時は表現の自由を侵害するとして一二年に違憲判決が出て無効になっていた。そのため、実名ではなくＩＤを公開することとしたものだが、やはり表現の自由を侵すものだとして市民団体などが反発している。

また「ク・ハラ法」と呼ばれる法律もある。

ク・ハラが一九年一一月に自死すると、翌年、彼女が幼い頃に家出し養育権も放棄していた実母が、親の権利として遺産の半分の相続を要求してきた。これに対してク・ハラと労苦をともにしてきた彼女の実兄が法に訴えていた。しかし二〇二〇年一二月、裁判所の命令によって実母が遺産の四割を受け取ることが決まると、あまりにも不公平だという声があがり、遺産相続に関する民法が改正された。これにより、扶養義務を怠った者の相続資格に制限を加える規定が定められた。

さきほどの入国禁止となった兵役忌避のユについても、兵役義務を履行しなかった一部市民の入国を禁止する国籍法などをまとめて「ユ・スンジュン防止法」と呼ばれることもある。

政治家がその時の〝功績〟として記憶させる意図が透けても見えて、こうした固有名詞をつけて呼ぶこと自体が事件を想起させるとして批判の対象にもなっているが、分かりやすいこともあり、いまもよく使われている。

韓国人の高い政治意識

もともと韓国ではどの世代も政治に関心が高く、保守進歩問わず、その時起きている政治の動きに敏感で、声を上げる人々も多い。いや、これも声を上げることに慣れている、当たり前になっているといったほうがいいかもしれない。そしてその動きもダイナミックだ。

直近の例としては、朴槿恵《パククネ》大統領弾劾から、文在寅政権の人気失墜の流れだろう。二〇一六年から一七年にかけて、朴槿恵大統領が国政を私物化したとして広がった抗議デモは、毎回百万人以上を動員する大規模なものとなった。こうした世論を背景に、最終的には国会が朴槿恵を弾劾訴追し、憲法裁判所の審判にかけられ大統領職を罷免された。

朴槿恵の失脚後、圧倒的な人気を得て大統領に就任したのは文在寅だった。その支持母体である与党「共に民主党」は、新型コロナウイルス対策が高い評価を受けて、二〇二〇年四月の韓国議会の総選挙では単独で過半数を握る大勝を得て、スーパー与党と呼ばれた。

ところがその後一年間の失政、特に不動産政策の相次ぐ失敗により支持率は急落。二一年四月に行われたソウル・釜山市長補欠選挙では、「共に民主党」候補者はノーを突きつけられ、両市とも野党第一党（「国民の力」）が圧勝している。

軍事政権から民主主義を自分たちの手で勝ちとった成功体験から、「政治は変えられる」という思いが根づいているからなのか。もしくは、軍事政権の記憶から政府は牽制すべき対象という潜在意識があるのか。理由はさまざまに考えられるが、韓国人の高い政治意識は、Ｋ-ＰＯＰアイドルや韓流スターとて例外ではない。政治に声を上げることへの抵抗感は低い。

そのため、政治家も韓国エンタメ界の政治への影響を警戒、監視することになる。

二〇一七年三月、朴槿恵前大統領が弾劾訴追され罷免となる過程で、その存在が発覚した通称「ブラックリスト」は、そうした動きの産物だった。

「ブラックリスト」の衝撃

「ブラックリスト」とは、芸能界や文学界など各分野において反政府の傾向があるとされる人物のリストだ。ブラックリストに挙がった対象者への公的支援を打ち切ったり、出演番組や出演広告から下ろす圧力をかけたりと、活動に支障がでるよう妨害をしていたことが報じられている。

ブラックリストによる圧力以外にも、インディペンデント映画を上映する映画館を支援リストから排除したり、また、二〇一四年に起きた旅客船沈没事故をモチーフにした映画を上映した釜山国際映画祭への支援は従来の半分ほどにされていたことがわかっている。

ブラックリストの存在が明らかになると、文化体育観光部内に「文化芸術界のブラックリスト真相調査および制度改善委員会」が組織され、政府による芸術家への圧迫の実態が調査された。

李明博《イミョンバク》大統領時代には八二人だったリストは、朴大統領時代には、九〇〇〇人以上にものぼった。

李大統領時代のブラックリストの半分以上（五二人）が映画関係者だった。映画『パラサイト　半地下の家族』で知られるポン・ジュノ監督や韓流スター、イ・ジュンギの名前もあった。

イ・ジュンギは一九八二年生まれ。二〇〇五年に映画『王の男』が大ヒットしてスターダムに。整った顔立ちから男性化粧品のＣＭなどに出演している。

そのイ・ジュンギのブラックリスト登録は、アメリカ産牛肉の輸入に反対を表明したことからだった。

二〇〇八年、李大統領は就任してまもなく、訪米を控え、米国産牛肉の輸入制限を解除することを発表した。すると、「訪米の手土産か」と韓国産精肉業者などから反発する声が上がり、テレビ局ＭＢＣが「米国産牛肉の狂牛病問題」を取り上げると、それは瞬く間に〝真実〟として伝播し、大々的な反対デモにつながった（後にＭＢＣの番組には虚偽も含まれていたことが明らかになる）。

世論は沸騰し、ひと月ほど続いたデモには、乳母車を押す若い母親の姿も多く見られた。そうした状況下で、イ・ジュンギだけでなく他の芸能人も米国産牛肉の輸入制限解除への反対を表明していたが、イ・ジュンギはもっとも影響力があると判断されたと見られている。

アカデミー賞受賞監督も

韓国映画『パラサイト　半地下の家族』は、二〇一九年五月のカンヌでパルムドール賞、二〇年一月のゴールデングローブ賞では外国語映画賞を受賞、同年二月九日には、非英語作品として初のアカデミー賞最高の作品賞受賞という快挙を成し遂げた。さらには、同賞の脚本賞や国際長編映画賞、監督賞まで総なめし、「アカデミー賞四冠獲得」の報に韓国は沸いた。

監督であるポン・ジュノは一九六九年生まれ。映画監督を夢見たのは一二歳の時、中学生の頃で『スクリーン』などの映画雑誌を読みふけったという。「映画マニア」（ソウル新聞、二〇年二月一一日）で、「テレビで放映された映画を病的なほど執着して見た」（「監督ポン・ジュノ」ＭＢＣ）と語っている。

名門私立の延世大学在学中には映画サークルを作り、「カメラが欲しくて半年くらい学校の売店でアルバイトしてドーナッツを売った」（同前）という。

大学卒業後は映画専門学校に入学。入学した頃は韓国の映画の黎明期だった。盧泰愚《ノテウ》大統領候補の民主化宣言（一九八七年）によって軍事政権が終了し文民政権が誕生（九二年）した頃だ。卒業制作の『支離滅裂』（九四年）は、検事や教授など社会のメインストリームにいる人々の裏面をユーモラスに描いたと評され、一九九五年、バンクーバーや香港での国際映画祭の招待作品となった。

長編映画のデビュー作『ほえる犬は噛まない』（原題『フランダースの犬』、二〇〇〇年）から、『パラサイト　半地下の家族』まで、どこかコミカルでありながら社会のブラックな部分を切り取る作品を撮り続けている。

そのポン・ジュノ監督も保守政権である李明博、朴槿恵大統領の時代（〇八年～一七年）に「ブラックリスト」に名前が挙がっていた。

ポン・ジュノ監督映画の「問題」部分

問題視されたのは、『殺人の追憶』（二〇〇三年）、『グエムル　漢江の怪物』（二〇〇六年、原題『怪物』）、『スノーピアサー』（二〇一三年、原題『雪国列車』）の三作品だ。

二〇〇三年に公開された映画『殺人の追憶』は、ポン・ジュノ監督の名を広く知らしめた。八〇年代から九〇年代にかけて、ソウル郊外にある京畿道華城《ファソン》市で起きた実際の連続殺人事件をモチーフにした作品で、この事件では一〇人の女性が強姦され殺害された。韓国では史上初めての連続殺人事件とされた。延べ二〇五万人の警察官が動員され、捜査対象者は二万一二八〇人、指紋を鑑定した対象者もおよそ四万人にものぼった。しかし、事件の犯人は見つからなかった。そのうち模倣犯罪とされた一件の殺人で犯人が逮捕され、無期懲役となった。この男性は二〇年服役した後、模範囚として減刑され出所。事件そのものは未解決事件になっていた。

ところが、一九年、証拠品として保管されていた被害者の衣服に付着した「汗」から採取されたＤＮＡとすでに別件で収監中の人物のそれが最新のＤＮＡ鑑定で一致し、ようやく真犯人が突き止められた。先に逮捕された男性は冤罪だったことが明らかになっている。
ブラックリスト真相調査委員会による調査結果によれば、政府は『殺人の追憶』について、「公務員と警察を不正集団として描写し国民に誤ったイメージを与えた」と認定していた。

韓国で一三〇〇万人あまりの観客を動員したモンスターパニック映画『グエムル　漢江の怪物』は、米軍基地から流れた汚染水により漢江から怪物が現われ人間を攻撃するというストーリー。

こちらは二〇〇〇年に、在韓米軍基地が汚染水を漢江に流出させていたことが発覚した事件をモチーフにしており、「反米、政府の無能を浮き彫りにし、国民の意識を左傾化させた」とされた。

列車の車両を階級になぞらえ描写した『スノーピアサー』は、「市場経済を否定し、社会抵抗運動を扇動している」ととらえられたのだという。

保守派議員の批判

こうした一連の作品と同様、『パラサイト　半地下の家族』も社会性の高い作品だ。

アパートの半地下の部屋に住む貧しい一家が、裕福な家に家庭教師、運転手や家政婦というかたちで使用人として入り込み、そこで起きる悲喜こもごもをシニカルかつコミカルなタッチで描いている。劇中に出てくる多くの傾斜のある階段は韓国の「階級社会」を表わしていたのではないかとも言われた。

　ちなみに映画で重要な要素として描かれ、海外メディアも映画から韓国の貧困層の象徴のように扱った「半地下」の部屋は、韓国ではそこまで貧困のシンボルではない。

　半地下ができた理由には、一九七〇年代、朴正熙《パクチョンヒ》大統領が対北戦争に備えて防空壕として作らせたという説や、八〇年代の韓国の高度成長期の住宅不足の産物など、諸説ある。

　現在、半地下を借りている人の事情はさまざまだが若年層も増えたとはソウル市内の不動産業者の話だ。

「オフィス街に近い場所だと、家賃を節約しようと借りる人も多いし、映画にでてくる家族が住めるような広い半地下は実際にはあまりありません。政府からの貸し出し支援もでますが、都心の半地下ならある程度の余裕がないと借りられません」

　それでも場所によって半地下は安価な物件であることは確かで、経済的な問題から借りる人もいる。ただ、そうした半地下は再開発の進むソウルでは年々、減少傾向にある。

二〇一九年五月にこの映画が封切られた当時、保守派の「自由韓国党」のある議員は、「体制転覆の内容が込められている典型的な左派映画」とこきおろしてもいた。

ちょうどブラックリストに挙がっていた時期にあたる二〇一三年に『パラサイト　半地下の家族』の構想を練っていたと言うポン・ジュノ監督は、「ブラックリストに挙がっていることは後で知りました」「創作者にとっては消せないトラウマです。二度とこんなことがあってはいけない」（ＪＴＢＣ、二〇一九年五月二八日）と語っていた。

二〇二一年一二月現在、「進歩派」の文在寅政権にブラックリストがあるのか否かは今のところ分からない。二〇二二年三月に新政権が誕生すればその有無も明らかになるかもしれない。

第九章　韓国における日本のエンタメの現実

最後に、本章では、日本のエンタメが現在の韓国でどのように受け入れられているのかを紹介したい。寂しいことに、現在の韓国では、日本のエンタメ作品が話題になることはそれほど多くはないが、韓国でも親しまれている日本の作品もある。

日本文化が禁止されていた韓国

もう二〇年以上前になる二〇〇〇年、筆者は『好きになってはいけない国　韓国J－POP世代が見た日本』（文藝春秋。二〇〇五年、『好きになってはいけない国。韓国発！日本へのまなざし』増補文庫版）を出版した。

一九九五年から一年間韓国に留学した際、ソウルの街中に禁止されているはずの日本文化が溢れていることが不思議でならなかった。どうしてなのだろうと取材するうちにJ－POPや日本の映画ファンの韓国の若者たちの存在を知った。

彼らから話を聞き、日本の大衆文化解禁前後の韓国を取材してまとめた一冊だった。

「好きになってはいけない国」というのは、当時、韓国の大学生が日本を指して言った言葉だ。Ｊ－ＰＯＰが好きで日本にも関心があるけれど、素直に日本がいい、好きだとは言えない、複雑な気持ちを表わしていた。

一九九八年に金大中《キムデジュン》大統領により部分解禁が始まるまで、韓国は日本の大衆文化の流入に対して厳しい制限を続けてきた。

「日本に対する国民感情を考慮」という名目だが、実は明確な法的根拠はない。韓国政府による実質的な禁止で、映画や音楽、テレビ番組、漫画などの韓国への流入を防いでいた。北朝鮮との休戦状態下の軍事政権が続くなかで、日本の大衆文化は共産主義国の文化と並んで、韓国政府の厳しいコントロール下に置かれていたわけだ。

風向きが変わったのは、韓国が八〇年代に高度経済成長期を迎え、九〇年代の好況期に入ってからだ。

一九八七年の「民主化宣言」によって大統領が直接選挙となり、八八年のソウルオリンピックの成功などを通して、韓国は自国の国力に自信をつけ始めていた。そうしたなかで日本文化の解禁も議論されるようになった。

とはいえ、一九九五年当時、まだ街角には「日本のタバコを買わないようにしましょう」という、政府のポスターが貼られていた。ポスターは日本を超えるために、負けないためにという感情に頼る「韓国産タバコの消費喚起」目的だった。八月一五日には抗日、反日ドラマも恒例のごとく放映されていた。

九〇年代半ばごろ、韓国の自国への自信が高まるにつれて、韓国メディアもそれまで多かった「日本は憎いが、長所を認めて学べ」という「知日」「克日」の論調から、「もはや日本に学ぶものなどない。すでに日本を追い越している韓国は、自国に誇りを持て」という論調に変わりつつあった。

ＫＢＳ（韓国の公共放送）の女性キャスターが東京特派員時代のことを書いた日本バッシングのエッセイ集『日本はない』（邦題『悲しい日本人』田麗玉、たま出版）は一〇〇万部を超えるベストセラーとなり、韓国再侵略をもくろむ日本（の無人島）に、韓国が北朝鮮と組んで核ミサイルを撃ち込むという小説『ムクゲノ花ガ咲キマシタ』（邦題同じ、金辰明、徳間書店）が四〇〇万部売れ、九五年には映画版も公開されヒットした。

それでも、「日本文化を開放してもいいのではないか」という政府高官のアドバルーン的な発言には、それこそ蜂の巣をつついたような大騒ぎとなった。韓国メディアは、解禁は時期尚早とする声を多数拾い集めて、「韓国の大衆文化が日本のそれに呑み込まれてしまう」「韓国が日本文化の植民地になる」という警戒論を溢れさせた。

日本大衆文化開放の議論はなかなかまとまらなかった。

第三章にも書いたように一九九八年に就任した金大中大統領は、韓国の文化輸出に力を入れていた。日本にも働きかけ、小渕恵三首相とともに「日韓パートナーシップ」を結び、日本の大衆文化輸入の段階的な開放に踏み切った。

このパートナーシップによって、韓国のコンテンツも日本で積極的に紹介されるようになった。映画『シュリ』や『ＪＳＡ』などは日本で好評を得て、第一次「韓流」ブームへとつながっていく。

しかし韓国ではこのパートナーシップに世論調査ではおよそ半数が賛成する一方で、反対する人々もいまだ二割前後いた。

こうした政治的状況のなかでも、九〇年代の韓国の若者たちは政府の規制をかいくぐり、日本の漫画やＪ－ＰＯＰを楽しんでいた。

「アジアで最高」だったＪ－ＰＯＰ

一九九〇年代まで、韓国では日本文化はアジア諸国のなかでは先端だった。とりわけJ-POPは、韓国の若者たちにとって、キャッチアップすべき対象だった。当時、韓国の若者たちに日本の歌手の歌を聴く理由を聞くと、必ず「韓国にない新しいサウンドだから」という答えが返ってきた。

金大中大統領（右）と小渕首相（1998年、代表撮影／文藝春秋）

一九九八年一一月に韓国の映像プロダクション「デジタル・メディア」が日本の歌謡について五〇人を対象にアンケートを行ったところ、過半数の回答者が「日本のロックの水準はアジアで最高」と答えていた。

J-POPからの「パクリ」問題も繰り返しニュースになった。

九六年には、男女四人組グループ「Roo'Ra（ルーラ）」が、日本のアイドルグループ「忍者」の「お祭り忍者」（原曲は一九五二年の美空ひばりの「お祭りマンボ」）から一部引用したことが告発された。これは大手紙へかかってきた一本の情報提供の電話から明るみに出た。その後そのほかの曲の引用も問題化したことで、メンバーのひとりが自死を図った事件まで起きた。

九〇年代に活躍した二人組人気歌手「ノクセクチデ」が、「ＸＪＡＰＡＮ」の曲「Endless Rain」を剽窃《ひょうせつ》していたこともニュースとなった。この事件がきっかけで、ＸＪＡＰＡＮは韓国でも人気となった。

公的には禁じられた日本文化だったが、若者たちは違法商品を取り扱う店に集い、入手していた。店も違法商品を扱っているようには見えない堂々としたものだった。

当時ソウルの最新のハイテクビルのなかにあった「Ｊ-ＳＨＯＰ」という店では、店の前で安室奈美恵のコンサートビデオを流し、陳列してあったＣＤは、ＸＪＡＰＡＮ、Mr.Children、安室奈美恵など時の日本の人気スターがずらり。日本人歌手の違法コピー商品も堂々と並べて販売していた。店主によれば、定期的に取り締まりを受け、行政処分としての罰金を払いつつも営業を続けているとのことだった。

地方都市でも、Ｊ-ＰＯＰの違法コピーＣＤや、アイドルのブロマイドやアニメのポスターが売られていた。韓国の若者たちは、パソコン通信などを使って情報を共有しあいながら、日本のアイドル、スターたちを追っていた。

ジャニーズ、ミスチル、安室奈美恵、ＸＪＡＰＡＮが人気で、ＳＭＡＰ、嵐、Ｖ６などのファンクラブもあり、日本のファンから手に入れたというビデオテープに録画されたテレビ番組などの上映会が定期的に開かれていたりした。

ジャニーズがいる日本にも関心があり、彼らが話す日本語を独学で勉強しているという高校生がいたり、大学では英文学専攻で米国に留学するはずだったのが、ジャニーズ好きが高じて日本に留学してしまった大学生がいたりした。当時の出来事を書き起こしてみると、まるで今の韓流文化を楽しむ日本の若者のようだ。

九〇年代後半には、公的な禁止の裏側で、日本の大衆文化は韓国の若者たちに浸透していたのだ。

いなくなった人気J‐POPアーティスト

最近、かつて取材で会った韓国芸能担当記者に言われた言葉をしみじみと思い出す。

「安室奈美恵さんはすばらしい。あれだけ踊っても歌は完璧。息が切れない」

二〇〇四年のことだった。

「ＢｏＡ」が日本で人気があった頃だったので、

「韓国にはＢｏＡがいるじゃないですか」

そう筆者が返すと、

「ＢｏＡは特別。日本デビューのためにトレーニングされた歌手だから。ＢｏＡ以外はまるきりだめ。歌もだめだし、踊りもだめ。どちらもできる安室さんのような歌手は、韓国にはいない」

にべもない答えが返ってきた。

二〇〇四年に韓国でＣＤがもっとも売れた日本人歌手は、中島美嘉（一万七〇〇〇枚）で、次に安室奈美恵（一万三〇〇〇枚）、ＳＭＡＰ（一万枚）。中島美嘉は日本でもヒットした「雪の華」が韓国の歌手にカバーされたことで韓国での人気に火がついていた。

しかし、この後に続く日本人アーティストはいなかった。

ＡＫＢの韓流コラボは

一方、Ｋ-ＰＯＰでは、ＢｏＡの後にはほどなくして「東方神起」、そして「ＢＩＧＢＡＮＧ」と日本で人気となるスターが続々と登場した。

日本の若年層の女性を取り込むようになったのは二〇一〇年に「少女時代」が日本でデ

ビューしてからだ。続いてライバルの「ＫＡＲＡ」も人気となって、Ｋ-ＰＯＰファンの裾野は一気に広がった。

この頃から、韓国の音楽事務所のオーディションを受ける日本人も増えてきている。最近では、Ｋ-ＰＯＰスターを夢見て中学や高校から韓国の学校を選択する若者も珍しくない。

そして、日本でのＫ-ＰＯＰ人気を確固たるものにしたのは、二〇一六年に日本デビューした「ＴＷＩＣＥ」の登場だろう。日本人メンバーのいるＴＷＩＣＥは、少女時代が開拓した日本の若年層ファンの年齢をさらに引き下げている。

二〇一八年には、この韓流ブームの流れに、日本のエンタメ業界が乗るかたちで、韓国内に入ろうとする動きも出てきた。

第六章でも紹介した、同年六月にスタートした日韓のアイドルオーディション番組「プロデュース48」もそのひとつだった。

ここで改めて説明すると、「プロデュース48」は、ＣＪグループの韓国の音楽専門チャンネル「Ｍｎｅｔ」が企画・放映していたオーディション番組「プロデュース」と日本のＡＫＢグループとのコラボレーション企画だった。

番組は、日韓それぞれのアイドルや練習生九六人が参加し、さまざまなパフォーマンスを繰り広げながら国民プロデューサー（視聴者）の投票により最終メンバー一二人を決めるもので、選出されたメンバーは期間限定のアイドルとして活動する予定になっていた。日本側は、松井珠理奈（ＳＫＥ48）、宮脇咲良、矢吹奈子（ともにＨＫＴ48）、中西智代梨、後藤萌咲、本田仁美（以上ＡＫＢ48）らが参加した。

投票するには、番組のスポンサー会社に会員登録することが前提条件となっていたため、韓国で本人名義の携帯がない場合は投票が難しかった。つまり、投票する人のほとんどは韓国人で、一度に一二人へ投票する仕組みになっていた。

放映前からＳＮＳなどでは、この日韓コラボは話題になった。「すでにデビューしているＡＫＢのメンバーは知名度もあり、韓国のデビュー前の練習生には不利だ」と韓国のアイドル練習生を懸念する声もあったが、「日本の学芸会のようなアイドルと苛酷な練習をしている韓国の練習生では実力が違いすぎる。競争にならない」と指摘する声もあった。

露わになった日韓の実力差

この告知に触れたとき、なんという無謀なことをするのだろうと筆者は思った。日韓のアイドルのコンセプトに大きな違いがあったからだ。韓国のアイドルは、ＢＴＳのようにデビュー前から海外進出を視野に入れたアーティスト。ダンスや歌唱力などの「実力」ありきの、〝完璧〟なアーティストだ。

一方、ＡＫＢは、「会いに行けるアイドル」であり、かわいらしさ、親しみやすさがアイドルの絶対条件となっている。求められるアイドル像があまりにもかけ離れていて、両者の実力の差は歴然としていた。

韓国で初めてＡＫＢの公演が放映された二〇一〇年には、韓国人の知り合いからは、「ＡＫＢ48って芸能人ではなくアマチュアグループだよね？」と聞かれたり、「日本ではあんな子供のようなアイドルが人気なのか？」と言われたり。「あれが日本の実力かと思われるのは心外。恥ずかしいから韓国で公演しないでほしい」と話していた在韓の日本人もいたほどで、実力という点からいえば、その差ははっきりしていた。

ふたを開けてみると、懸念は現実になった。

歌や踊りなどでのパフォーマンスによるＡ～Ｆのランク分けでは、日本人メンバーのほとんどが低レベルクラスへ。ダンス担当のトレーナーは、「日本の子たちは正直分からない」とその実力に論評不能と、あきれたような表情をつくり、日韓の実力の差は残酷にもさらけ出された。

スター性でAランクとなった宮脇咲良も、韓国の参加者からは「正直、本当にAのレベルかなと思いました」とその評価を訝《いぶか》しがられる始末。当の宮脇咲良も、「すごくショックで、韓国の人は日本でも通用するのに、日本人は日本を出た瞬間に通用しなくなる現実を突きつけられた気がして悔しいって思いました」と心情を吐露していた。

ほぼ同時期に日本で行われていたＡＫＢ総選挙では一位を獲得した松井珠理奈も、この番組では酷評に沈む結果となり、番組のシリーズ途中で体調不良により降板をしている。

スキャンダル報道による暗転

韓国の芸能記者はこう語っていた。

「日韓のアイドル練習生の実力の差はかねてから言われていましたが、この番組のコンセプトは、彼女たちの『成長』。完璧なアイドルというよりは、その成長していく姿を視聴者が見守っていくことにフォーカスされていますから」

日本人のメンバーの中で、当初人気が抜きんでていたのは、ＨＫＴ48の宮脇咲良だった。韓国ではその美貌と「生真面目さ」が好印象で、人気投票では常に上位に入った。そこへ、途中からめきめきと頭角を現わしたのが、ＨＫＴ48の矢吹奈子だった。

　最初のレベル分けでは屈辱のＦランクとされたが、その後の頑張りでＡランクに昇格し、日韓のポータルサイトの検索語で上位にあがるなど韓国でも知名度は一気に上昇。いったん注目を浴びると、パフォーマンス対決では「歌唱力がある」、「姿が妖精のよう」などとさらに人気を集めた。

　他には、ＡＫＢ48出身の本田仁美が常に一二位圏内に入っていて、最終投票では、この三人がメンバーに選ばれている。

　この番組でデビューした日韓合同の一二人組女性アイドルグループ「アイズワン」は、アジア・アーティスト・アワード（ＡＡＡ）、ゴールデンディスクアワードなど、日韓の新人賞を総なめにする活躍を見せたが、二〇一九年、暗転することになる。

　詳しくは第六章にも書いたが、「プロデュース48」に続くシリーズ「プロデュースＸ１０１」で得票数の不正操作が告発されたことがきっかけだ。最終結果の不自然さにファンが声を上げ、逮捕されたプロデューサーのアン・ジュニョン氏が同シリーズの得票数ねつ造を認めたのだ。

　実のところ、「プロデュース48」放映中から「出来レース」疑惑は噴出していた。

全一二回放映の中で折り返しを過ぎたころ。特定のプロダクションの練習生や宮脇咲良などを特別扱いしているのではないかという疑惑が視聴者から上がった。確かにインタビューや練習風景などで特定の参加者にスポットが当たっていることは否めず、韓国では番組の構成は「悪魔の編集」と批判されていた。そして、後に、それが事実だったことが明らかになっている。

プロデューサーのアン・ジュニョン氏は得票数ねつ造などの詐欺や特定の音楽事務所から接待を受けていたことが明らかになり、背任行為などの罪で服役（二一年一一月出所）。アイズワンは票の不正操作疑惑が報道されると活動を一時中止し、およそ三カ月後に活動を再開したが、二一年春には「予定された活動期間の終了」として解散した。シリーズ第四弾「Ｘ１０１」で選ばれた「Ｘ１」のほうは一九年八月にデビューしたものの、これといった活動はできずわずか四カ月で解散している。

BoAのミッション

「プロデュース48」を見続けていて、当初から心配されていたダンスや歌唱力などでの日韓の実力の差はやはりはっきりと露わになった。それでも、短い間に目を見張るような成長を見せる日本人メンバーもいて、そのがんばりぶりにはエールを送りたくなった。

ただ、与えられた課題を「できない」と人目も憚《はばか》らず泣き出し、練習にも自暴自棄な態度を見せる日本人メンバーもいて、ため息が漏れた。その幼い年齢を知ると、それも仕方がないことかもしれないと思いながら、日本でのＫ‐ＰＯＰ人気を切り拓いたＢｏＡの姿が思い浮かんだ。

二〇〇一年、すばらしいパフォーマンスをひっさげて日本でデビューした時、彼女はまだ一四歳だった。二年間、みっちりとトレーニングを施され練習に明け暮れた少女にとって、日本での成功は、韓国エンタメの世界進出のために決して失敗できないミッションだった。

Ｋ‐ＰＯＰの日本進出を切り拓いた彼女は来日した当時、あの小さな肩にどれだけのものを背負っていたのだろうか。

そして、あの時のＢｏＡと重なったのが、グローバルデビューを果たした「NiziU」だ。NiziUはメンバー全員が日本人のＫ‐ＰＯＰアイドルグループだ。二〇二〇年一二月のデビュー前から日本では人気スターとなったが、韓国や他地域での認知度はまだまだ低い。

韓国でのデビューも取り沙汰され、その遅れは日韓関係が冷え切っているためと見るメディアもあったが、複数の韓国人記者は一致して、「そもそもＪＹＰが彼女たちを韓国でデビューさせようと考えているのか」と首を傾げる。

「あくまでもビジネスですから、韓国でデビューさせるタイミングを計っていることは確かでしょうが、本当に実現するのか、記者たちはみな量りかねています」と記者のひとりは語る。韓国人記者たちのNiziUの認識はあくまで日本を活動の場とするＫ－ＰＯＰスターなのだ。

韓国での日本映画

一九九八年、日韓パートナーシップによる日本大衆文化開放の第一弾として韓国の映画館で上映されたのは、北野武監督の映画『HANA-BI』（一九九八年）と黒澤明監督の『影武者』（一九八〇年）だった。このときは、アカデミー賞やカンヌ、ベルリン、ベネチアといった三大国際映画祭の受賞作品と日韓合作作品に限って日本映画が解禁された。いずれも芸術的価値の是非はともかく、一般の観客に受け入れられたとはいえない結果に終わっている。

一方で、当時アンダーグラウンドで入手したビデオやシネマカフェ（映画を上映する喫茶店）などを利用して日本の映画を鑑賞する若者たちは多く存在していた。なかでも人気だったのは、岩井俊二監督だ。九五年、初長編監督映画『Love Letter』が日本で公開され、若手の気鋭監督として知られるようになった岩井は、映画をビデオで観た韓国の若者たちからも圧倒的な支持を集めていた。

九九年の第二次開放で、岩井俊二氏の『Love Letter』が公式に公開されると、全国で一四〇万人を動員している。主人公の中山美穂が叫ぶ「オゲンキデスカ？」は、ファンなら必ず知っている台詞《せりふ》で、こちらが日本人だと分かるとそうやって挨拶されて面食らうこともたびたびあった。しかし、彼の後は続かなかった。

「はっきり言って、映画は韓国のほうが面白いと思うよ。日本製、韓国製っていうより、面白いものが見たい。そういう意味で日本映画は全然、面白くない。今は、断然、韓国映画だね」

以前安室奈美恵ファンだった韓国人女性に言われた言葉だ。

最近でも「日本のドラマは、テンポが遅いし幼稚」という声が聞かれる。

日本の大衆文化は「開放」され、誰でも自由に見られるようになった。その結果、それ以前には、「韓国は日本の大衆文化の植民地になる」というまことしやかに語られていた脅威論はいつの間にか立ち消えた。以来、「韓国でヒット」とされる日本のドラマや映画は、数えるほどだ。

　韓国では映画を楽しむ人は多い。一〇〇〇万人以上の観客を動員した映画も、『シルミド』（二〇〇三年）、『グエムル　漢江の怪物』（二〇〇六年）、『10人の泥棒たち』（二〇一二年）、『タクシー運転手　約束は海を越えて』（二〇一七年）など、毎年のように一作か二作は誕生している。

ジブリ、新海誠、そして是枝裕和

　そんな韓国の映画興行のなかで、観客動員上位を占める日本映画は、アニメだ。スタジオジブリの作品は特に年齢問わず愛されていて、二〇〇四年には、『ハウルの動く城』が観客動員三〇〇万人を超えるヒットとなり、一七年には新海誠監督の『君の名は。』がおよそ三六三万人を動員し、韓国でも話題をさらった。

　久々に大ヒットとなっているのは、『鬼滅の刃』（二〇二〇年）だろう。主人公のつけている耳飾りの模様が旭日旗（韓国では日本の軍国主義の象徴とされる）に似ていると韓国の市民団体が変えるよう訴え、別の模様に変えるなどの騒動はあったものの、映画自体は順調に客足を伸ばし、二〇二一年一二月の時点で二一五万人を超える観客を動員し、二一年に公開された映画全体で六位になっている。

『鬼滅の刃』は原作マンガ（吾峠呼世晴）も、発売日には外国本でベストセラー一位となっていた。

現在、アニメ映画ではなく実写映画で唯一健闘しているのは、是枝裕和監督だ。

韓国では、「家族映画の匠」（ソウル新聞、二〇一八年七月三一日）ともいわれてマニア的なファンが多いことで知られる。

二〇一三年には、『そして父になる』がおよそ一二万人の観客を動員して話題になった。映画専門ケーブルテレビなどで特集が組まれる唯一の日本の監督と言っていいだろう。

そして、二〇一八年にはカンヌ国際映画祭のコンペティション部門で最高賞（パルムドール）に輝いた『万引き家族』が韓国で公開され、久々に日本映画が話題を呼んだ。

『万引き家族』は、東京の下町に住む、一緒に暮らす老女の年金と万引きとで生計を立てている貧しい家族が物語の中心だ。ある日一家の父が、虐待を受けている様子のひとりの幼女を連れて帰り、ともに暮らすようになるが……という内容だ。

韓国では「安倍首相が珍しく一切の祝福コメントを出していない」というニュースも映

画に話題を添えていた。

一八年七月、公開されてまもないソウル市内の映画館で鑑賞したが、三六五ある観客席はほぼ満席で、夏休みだったこともあり、観客は老若男女が入り交じり、年齢層の幅は広かった。

映画が終わると、すぐに席を立つ人はほとんどなく、エンディングロールの最後に是枝監督の名前が出てようやく、ぱらぱらと席を立ち始めた。中には座ったまま、ハンカチで涙を拭っている女性も見かけた。

韓国の大手ポータルサイト「NAVER」での観客の評点は最高点一〇点満点に近い九・二五点で、書き込みにはさまざまなコメントが並んだ。

「あまり期待せずに見たけれど、映画を見た後も予告編を再生し、余韻で心を癒やしている。信代役の安藤サクラが見せた目の光りはとても長い間記憶に残るようだ」と語るものもあれば、「私たちは幸せなのに社会は（私たちに）『幸せなはずがない』と言う」と、当事者といわゆる「世間の目」のギャップについて指摘したものもあった。

日本に駐在経験もあり、仕事で日韓を頻繁に往来する五〇代の知り合いの会社員（男性）はこんなことを言っていた。

「日本で〝介護離職〟という言葉を聞いた時は驚きました。韓国では、親の介護のために仕事を辞めるというのを周りでも聞いたことがないし、そんな言葉もありません。離職できるほどの環境であれば、少しでも安い介護人や病院を探す努力をするだけで、そんなところからも日本より韓国のほうがいわゆる家族共同体というものの解体が早く進んでいるような気がします。ただ、だからといって、この映画で偽親子の絆になっていた〝万引き〟のような他のものが、古くからあった家族共同体の絆を代替できるかどうかは分かりませんが」

　日本で物議を醸したという映画のタイトルは、韓国では『ある家族』になっている。配給した「ティーキャスト」に聞くと、「直訳した場合、韓国語の語感では少し否定的に感じられることもあり、少し曖昧ではありましたが、広がりや叙情性を強調しようということで『ある家族』としました」という返答だった。ちなみに、香港や台湾、中国では、『小偸家族（泥棒家族）』の名で公開されている。

　あえて「万引き」でも「泥棒」でもないタイトルにしたところに、刻々と変貌する韓国社会でもまだ最後の縁《ふち》のところで〝理想の家族像〟がぶら下がっているような気もした。

「反日」本が消えた書店

現在の韓国の書店で、日本の作品の中で元気なのはマンガと小説だ。そして小説のジャンルで韓国での知名度が高いのは、純文学では村上春樹、ミステリーでは東野圭吾だ。

一九九八年に日本の大衆文化が開放されるまでは、神秘性もあったのか、韓国では「日本」への関心の熱量は高かった。その他の日本の大衆文化が禁止されていた頃でも、書籍は販売が許可されており、八七年から版権の輸入が始まっていた。そのほとんどは純文学作品だった。

九〇年代の韓国の書店には、韓国人著者の反日本が一〇〇万部も売れて平積みになっていたり、日本を知れば儲かるといったビジネス実用本のような本も飛ぶように売れていた。

ところが、皮肉にも日本の大衆文化開放の頃から、日本への関心は急速にしぼんでいった。そこには同時期に起こった経済危機によるＩＭＦの介入、アメリカを中心としたＩＴ産業へと韓国が舵を切ったことなど、韓国と日本との関係性の低下も背景にあるだろう。そして、インターネットの広がりにより人々の関心が細分化していったこともある。

こうして反日本や日本関連本は姿を消し、代わりに浮上したのが、それまで韓国にはなかったジャンルの小説やもともと人気が根強かったアニメだったというわけだ。

韓国では日本のアニメやマンガの人気は、昔から高い。

アニメでは古くは『マジンガーZ』（当時は日本のアニメではなくアメリカのアニメとして放映されていた）に始まって、九〇年代半ばには『ドラえもん』シリーズ、『クレヨンしんちゃん』も人気だったし（『クレヨンしんちゃん』は今でも人気だ）、二〇〇〇年代には少年マンガの『ONE PIECE』（尾田栄一郎）『NARUTO-ナルト-』（岸本斉史）が圧倒的な人気を集めていた。最近ではやはり少年マンガの冒険ファンタジー『七つの大罪』（鈴木央）などがよく読まれている。また、益田ミリの三〇代半ばの独身女性の日常を描いた作品『すーちゃん』シリーズは、同世代の女性を中心に人気がある。

村上春樹と東野圭吾

一方、文芸作品を見ると、九〇年代までの日本語からの翻訳小説は、川端康成の『雪国』や三浦綾子『氷点』などの純文学や、歴史物に偏っていた。一九七五年には山岡荘八の長編小説『徳川家康』が『大望《テマン》』の書名で翻訳出版され（当時は原著者無許可で翻訳出版されていた）、現在も高年層中心にファンが多い。同書は、二〇一七年秋、失脚した朴《パク》槿恵《クネ》前大統領が収監中に読んでいることが伝えられ、あらためて話題になった。

世界各国にファンを持つ「村上春樹」熱は、韓国でもアツい。ファンクラブはもちろん、作品に登場する料理を再現する集まりもあるほど。二〇〇九、一〇年に韓国でも発売された『１Ｑ８４』（ＢＯＯＫ１〜３、文学トンネ）はその後刊行された文庫版（一六年）も合わせて二〇〇万部が売れ、一七年に出版された長編『騎士団長殺し』（二巻組、同）も五〇万部を突破し話題になった。ちなみに韓国では初刷が二〇〇〇部というのも珍しくない。そんななかで二〇年一一月に発売された村上春樹の『一人称単数』もソウル市内の大手書店では中央にタワーをつくるほどの力の入れようだった。

新作が出るたびに村上春樹は韓国でもお祭り騒ぎとなるが、ミステリー小説の大家、東野圭吾もそれに並ぶほどの人気がある。

村上春樹の『騎士団長殺し』が出た時は書店でこんなことがあった。

出版された次の日にソウル市内の書店を訪れると、村上春樹作品ではお馴染みの、積み上げられてタワーになった『騎士団長殺し』が店舗の中央に飾られていた。このほかにも二冊、注目の書籍のコーナーが特設されていて、その二冊とも日本の小説だった。

一冊は、東野圭吾の『危険なビーナス』。もう一冊は、「東野圭吾が強く推薦！」「宮部みゆきが認めた忘れられない一冊」というポップコピーがついた荻原浩の直木賞受賞作、

『海の見える理髪店』だった。

　書店で話を聞いていると傍らを制服を着た学生が「あっ、出てる。買わなきゃ」と言いながら通り過ぎた。どの本を手にするのか気になって目で追うと、『危険なビーナス』を一冊手にとっている。慌てて話を聞きに行くと、高校生で、『ナミヤ雑貨店の奇蹟』からファンになったという。「推理小説なんですけど、いつもどこか温かい感じがして好きです」と話してくれた。

　日本のミステリー小説などのエンタメ作品は、一九九八年に日本の大衆文化の禁止が解かれたことがきっかけになって読まれるようになった。

韓国の書店に現れた『騎士団長殺し』タワー（筆者撮影）

　インターネットの普及により、さまざまな小説の存在に韓国の読者が触れるようになったことで、翻訳紹介に弾みがついたといわれている。

　二〇〇〇年代に入ってから続々と翻訳され、ここ数年その版権を巡る各社の争奪戦も熾烈になっているというのは大手書店関係者の話だ。

「村上春樹先生の作品は熱狂的なファンがいて、新作が出ると花火のようにわっと盛り上がりますが、ここ数年、韓国でもっとも読まれている日本の作家は東野圭吾先生です。

韓国では本といえば『純文学』で、ミステリーものはどこか下に見られる傾向にあって、ミステリー作家があまり育たなかった。それがインターネットによってさまざまな分野の情報が提供されるようになって読者が望むものも細分化されたところへ登場したのが日本の上質なミステリーでした。ここ一〇年ほどであっという間に人気になりました。なかでも東野先生の作品はミステリーでありながらＳＦ的でも、また神秘的でもあり、なにより人情味が感じられるところに読者が惹かれるようです。

東野圭吾先生の作品は、海外作家のベストセラートップ一〇に常に二、三冊入るほどの人気で、二〇一二年に出版された『ナミヤ雑貨店の奇蹟』はロングセラーになっています」

『ナミヤ雑貨店の奇蹟』は二〇二一年現在でも大型書店に行くと、ロングセラーベスト一〇の中に必ず入っていて、韓国の大手書店・教保文庫の「二〇二〇年今年の本」の小説部門でも一三位に入っている。ちなみに上位二〇冊中日本の作品は四冊あり、五位『クスノキの番人』（東野圭吾）、一五位『刑事の約束』（薬丸岳）、一七位『ルパンの娘』（横関大）となっている。

純文学出版社から発売された『容疑者χの献身』

韓国での東野圭吾人気を不動にした『ナミヤ雑貨店の奇蹟』を出版した「現代文学」社についても触れておこう。

同社は、韓国で純文学の老舗《しにせ》として知られ、主催する「現代文学賞」（一九五六年創設）は韓国でもっとも歴史の古い文学賞として知られる「純文学の登竜門」だ。

二〇〇六年に初めて『容疑者χの献身』を翻訳出版したが、当時は、「やはり画期的な出来事といわれました」とキム・ヨンジョン現代文学代表理事（当時）は振り返った。

「当時編集部にいた私自身が『白夜行』などを拝読していて東野先生のファンでした。『容疑者χの献身』は、内容はもちろん、タイトルの意味が読後に反転するのが面白くて、ぜひ出版したいと思いましたが、社内では、純文学の出版社なのに、と懐疑的な声も聞かれて。そこを、文学的でエンタテインメントとしても読める作品だと社を説得して翻訳にこぎ着けました」

『容疑者χの献身』の韓国語版はこれまで五〇万部ほど売れたという。

「ともかく作品がすばらしい。『容疑者χの献身』が韓国でもたくさんの人に読まれたこともあって、作家『東野圭吾』シリーズとして作品を出版したいと思い、それから続けて出版させていただいています」（同前）

同社では東野圭吾作品の韓国語版を三一冊出版している（二〇二一年一二月時点）。

「東野先生の作品のベースはヒューマニズムです。加害者であっても、罪を犯してしまった背景にも光を当てて、断罪していません。特にこの『ナミヤ雑貨店の奇蹟』はミステリーでありながら、人間的な温かみのある作品で、ホームページにある読者のコメント欄には、『じいんとした』『気持ちが癒やされた作品だった』『私にもナミヤがあればよかった。こんな風に忠告してくれる人がほしい』といった感想が書きこまれていて、その年代も一〇代から五〇代までと幅広い。この作品が東野先生のファン層を広げたと思います」（同前）

現代文学社の海外部門では二五％前後が日本の作品で、二〇二〇〜二一年には、『陽気なギャングが地球を回す』（伊坂幸太郎）や『ある男』（平野啓一郎）、『少女たちは夜歩く』（宇佐美まこと）、『くちなし』（彩瀬まる）などが出版されている。

翻訳された東北弁小説

韓国での日本文学に対する理解が着実に深化してきていることを示している象徴的な出来事は、『おらおらでひとりいぐも』（若竹千佐子、二〇一七年）の翻訳出版だろう。

同書の翻訳紹介は、老いと女性性という、韓国と日本が共通の問題を抱えていることを示しているともいえる。

『おらおらでひとりいぐも』は、七〇代半ばの一人暮らしの女性・桃子が、内面から湧き上がってくる故郷の東北弁の声と対話しながら、人生を振り返り〝老い〟の日々を過ごす小説だ。

著者が五〇代半ばから小説を書き始め、六〇代で芥川賞を受賞したことも話題になり、文学作品でありながら六六万部を突破（河出書房新社ＨＰより）。二〇二〇年には田中裕子、蒼井優という人気女優の主演で映画にもなった。

「芥川賞を受賞した名作だし、今の韓国社会にぴったりの内容でとても魅力的だけど、いちばんの難関は、翻訳。日本人でも難しい東北弁の語りを韓国語に翻訳するとなると相当な時間がかかるし……」（韓国の出版関係者）

同じく翻訳出版に二の足を踏む出版社が多いと聞いていたなかで、二〇一八年八月、それが実現すると聞き驚いた筆者は、当時、翻訳版の版元に取材した。

翻訳版の版元は、語学専門の出版社として知られていた。

二〇一二年に開業し、その頃から近現代文学作品にも手を広げるようになった。『おらおらでひとりいぐも』は六作目。当時の代表は出版に際して筆者にこう語った。

「これまでのような収益性が見込まれたり、親しみやすい作品だけでなく、もっと幅広い作品を伝えたいと考え、文学作品を手がけるようになったので、『おらおらでひとりいぐも』のような小説を出したいという気持ちは強かったのですが、東北弁は他の出版社と同様、やはりネックで、とても悩みました。それでも、小説を読んだとき、亡き母が思い浮かんで、彼女はどんな思いを抱えていたのか、そんな思いがよぎって。そのときには、もうこの作品を出版しようと決めていました」

翻訳は、太宰治や宮沢賢治の作品を手がけた翻訳家のチョン・スユンさんが担当している。

「いざ翻訳する段階となったとき、東北弁を標準語にかえるか否かといった話もでましたが、小説の中の東北弁は桃子さんの内なる声で、小説の〝ヤマ〟でもあります。

韓国の方言で訳そうということになり、東北弁とリズムやアクセントが似ていて、芯の強さが感じられる、そしてソウルからは距離感が感じられる方言をと思い、韓国北東部の江原道・江陵《カンヌン》の方言を使うことにしました。

もうひとつ大事なことは、小説にある音楽性、リズムを生かすことでした。読んでいると音を聞いているような感じで、文字で読んでいるのにまるで話しているのを聞いているような、そんな風に読んでもらえるように努めました」

江陵は、平昌《ピョンチャン》冬季オリンピックでスケート競技などが行われた雪深い地方だ。チョンさんは、実際に江陵を訪ねて、地元の人が集まる市場に足を運び、会話のリズムやアクセントに耳をそばだてたという。

そんな努力は見事に実って、読者の中には、「読んでいるのにまるで韓国での話を実際に聞いているような錯覚を覚えた」という感想をもらす人もいたという。

韓国で注目されたのは「老い」よりも「女性性」

日本では、この作品について「老い」を語った評が多かったのに対し、韓国ではどちらかというと「女性性」に焦点が当てられていた。

このころ韓国では、『82年生まれ、キム・ジヨン』（チョ・ナムジュ、ミンウム社）がロングセラーになっていた。二〇一六年に刊行された同書は、IT関連企業に勤める夫と子どもと三人で暮らす三三歳の女性に、ある日、実母や亡くなった友人が憑依《ひょうい》して話をするようになり、夫に勧められて精神科のカウンセリングを受けているという設定で、物語はそのカルテに沿って主人公キム・ジヨンの幼少期から淡々と語られていく。女性であるがために経験してきた理不尽さを描き、韓国では一〇〇万部を突破、映画化もされた。韓国だけにとどまらず、一八年には日本でも邦訳版が出版され、二三万部を超えるベストセラーとなり、韓国文学が日本でも注目されるきっかけとなった。また、欧米でも翻訳版が好評をもって迎え入れられている。

第七章でも記したが、韓国では二〇一五年頃から「女性嫌悪《ミソジニー》」問題が顕在化しており、そこへ登場したのが『82年生まれ、キム・ジヨン』だった。そして、一八年にはMeToo運動も始まり、韓国社会の中の女性としての在り方への関心が急速に目に見える形で現われていた時期だった。

『おらおらでひとりいぐも』の版元も出版にあたり、ターゲットは女性に置いていた。「老後の孤独や寂寥《せきりょう》感の話ではなく、それを越えた女性の自由や自立、まだ闘えるというメッセージが込められている」と作品の魅力を説く編集担当者は、こう続けた。

「読者のコアターゲットは四〇代～六〇代の女性で、次がその子供世代の二〇代～三〇代の女性と考えています。

特に、五〇代～六〇代は主人公の桃子さんと近い世代で、同じような人生を生きてきたというか、共感するところが大きいのではないでしょうか。結婚して、主婦となり、夫には内助を尽くして、子供を育てて、良き妻、良き母となることが求められた。

韓国では子供が巣立った後の〝空の巣症候群〟が一時話題になりました。彼女たちはまさにその世代で、この作品から癒やしをもらい、勇気を分かち合えると思っています。

桃子さんの娘世代に当たる二〇代～三〇代にとっても、母親世代への共感や将来の自分を投影できる作品で、主人公の桃子さんのようにあらゆる世代の女性が担っている良き母、良き娘という固定した女性像などを取り払って、もう少し早く自由や自立を探せる勇気をもらえるのではないかと思っています」

日本のコンテンツは〝癒やし〟

アニメ、書籍、実写映画の一部のように韓国での日本エンタメの人気はマニア的な限られたものになっており、「韓流」のような世界的な波を感じさせる大きな勢いはない。
デジタル社会にあってコンテンツには普遍性と共に、これからはそれぞれの国ならではの特徴、ローカル色がより求められるといわれている。日本のローカル色、日本的なものとは、では、どんなものだろう。

韓国に住んでいると、日本のものには「癒やし」が感じられるとよくいわれる。文化でも風景でもそこに「癒やし」を感じるのだそうだ。

数年前に韓国で人気だった日本ドラマに『孤独のグルメ』と『深夜食堂』があった。『孤独のグルメ』は、中年の雑貨商が仕事の出先でひとり大衆的な飲食店に立ち寄って食事を楽しむ。淡々と食しながら心の中で味わう喜びを饒舌に語る独特の作品だ。

韓国では日本で放映が始まった（二〇一二年一月）少し後から日本のコンテンツ専門のケーブルテレビ「チャンネルＪ」が放映を始め、一八年のシーズン7で韓国編が放映されると、人気の裾野はさらに広がった。原作マンガを作画していた谷口ジロー氏が一七年に亡くなったときには韓国の全国紙に追悼記事が掲載されたほどだ。

一八年には「ソウルドラマアワード」で海外ドラマに贈られる「招待作品賞」を受賞し、主役の松重豊さんが受賞スピーチを行った。「ソウルドラマアワード」は世界各国のドラマの中から優れた作品を選考するもので、韓流ブームの流れを持続させようと韓国放送協会が主催して二〇〇六年から始まっている。

『深夜食堂』は、タイトル通り深夜営業の食堂で訳あり主人を中心に客との交流を描く作品。日本では二〇〇九年に放送がはじまり、二〇一六年の第四シリーズからはNetflixで世界的に配信されている。また二〇一五年には韓国で、二〇一七年には中国でリメイク版がつくられた。

韓国では三〇代を中心に人気で、彼らが集まるソウル市内の街には、同じ名前の居酒屋を見かけたりもする。

韓国の書店の『すーちゃん』コーナー（筆者撮影）

『孤独のグルメ』や『深夜食堂』の人気のもとは、韓国で関心の高い日本の食文化と、なにげない日常に「癒やし」を感じさせるストーリーにあるといわれた。

マンガ『すーちゃん』シリーズも同じだ。韓国の三〇代女性を中心に人気があるが、このマンガにも日々のささやかな楽しみや驚き、気づきなどが描かれていて癒やされるという。

本書の取材で会った公的機関のコンテンツ部門に勤める知り合いは、Ｋ-ＰＯＰにはないＪ-ＰＯＰの魅力についてこう話していた。

「知り合いの息子さんは、乃木坂46のファンで、日本のファンとよく連絡を取り合っていますが、乃木坂46の魅力はヒーリングだと言っていました。Ｋ-ＰＯＰは完璧さを求めるあまり、見ている者を圧倒はしますが、そこに〝癒やし〟はないというのが彼の話です。日本のアイドルはファンのために努力し成長していくコンセプトをとっていますから、そうした姿がファンに安らぎを与えるのではないでしょうか」

三〇代の会社員は、ロックバンドなど多様な音楽の存在が日本の強みだと言う。

「韓国はＫ-ＰＯＰのようなダンスが中心の〝見る音楽〟が主流になっていますが、ミスチルやＲＡＤＷＩＭＰＳといった〝バンドもの〟はそれほどありません。そういう音楽を求める人は日本の音楽にたどり着くのではないでしょうか。

個人的にはＹＭＯの音楽を高校時代からずっと聴いています。日本のアニメが好きでよく見ていたのですが、その中での使用曲でした。この音楽は何だ？　すごい！　と思って調べたら、ＹＭＯの曲でした」

この三〇代の会社員が高校生の時に見たアニメは『まりあ†ほりっく』で、使われていたＹＭＯの曲は「君に、胸キュン。」だった。『まりあ†ほりっく』はガールズラブ（同性愛）の女子高生が主人公のアニメファン向けの作品だ。韓国では当時未公開だったが（二〇一一年にアニメーション専門ケーブルテレビで正式に放映されている）、ネット上には海賊版が出回っていたという。

前出の会社員が続ける。

「その頃はNetflixのようなものはなかったですから、日本で話題になっている作品は、ネットに違法で出回っていました。そうした人気を受けて韓国では著作権をとって販売に至るというサイクルでした。

日本は昔から常に規制、規制でコンテンツを縛っていてもったいないなあと当時から思っていました。逆に公開してしまったほうが利益も得られるし、タイミングよく世界に広がったのではないでしょうか。

著作権を守ることはもちろん大事ですが、どんどん世界中の人に見てもらったほうが商品的にもＰＲの意味でも利益になります。日本はそういう意味からいうと、いまだにコンテンツを公開することに保守的だと思いますね」

同じようなことを指摘する韓国の人は多い。みな口を揃えるのは、日本のコンテンツへのアクセスがきわめて難しいという点だ。デジタル社会にあって、日本以外の他の国から見られる日本のコンテンツはとても少なく、そうした環境が日本のコンテンツの人気を狭めるひとつの原因になっているのではないかという。第二章でも触れたが、韓国の音楽事務所が著作権を度外視してもYouTubeやSNSでプロモーションを展開していったことが今のK-POPの世界の広がりにつながっている。

今や世界中のエンタメコンテンツに簡単に接することができるようになった。世界が舞台となり、日本もその流れからは逃れられないだろう。日本のコンテンツが世界で広がりを見ない根本的な問題は、十分な市場規模を持つ内需に満足してしまった日本のエンタメ産業の外へ出ていこうとしない消極性と、外へ出ていくシステムの未整備、日本の中でのみ通用する作品制作にあるのではないだろうか。

世界が舞台となった今、グローバルな普遍性とともに、さらに求められるのは国ごとのローカル性、その国ならではの文化をどう特徴としてアピールしていくかだ。

果たして日本はこれからどんなコンテンツを生み出そうとしているのだろうか。

あとがき

二〇二一年一〇月。「ＢＴＳ」がイギリスのスーパースターロックバンド、「コールドプレイ」とコラボレーションした新曲「My Universe」がビルボードＨＯＴ１００で一位に躍り出た。ＢＴＳの曲が同チャートで一位になるのは六曲目。コールドプレイが同チャートで一位になったのは二〇〇八年以来一三年ぶりのことだった。

「あのスーパースター、コールドプレイとコラボレーションするというのも夢のようだったのに、やはりバンタン（ＢＴＳ）はすごい。バンタンのYouTubeなんかを見ると、面白かったり、おかしかったり、かわいかったりとずっと変わっていないのに、本当にグローバルスターになったのだなあとしみじみ思いました。もう、これから宇宙人がバンタンとコラボしたい、会いたいと彼方からやって来ても驚かないかも」

まえがきで触れたトッポキ店を訪ねると、スタッフの女性はこんなことを言って笑っていた。

彼女はこの後、五年間働いたトッポキ店を辞めて独立し、あらたに韓国の家庭料理を出す店をオープンさせた。もちろん、店の外壁も内壁もＢＴＳの写真でぎっしり埋めつくされていて、ＢＴＳのファンが足繁く出入りしている。

韓国のエンタメ産業の成長の裏で何が起きていたのか、駆け足で見てきたが、そこにはデジタル化というグローバルな波に遅れまいと次々と新たな挑戦をし続けてきた姿を認めることができる。

今もＫ－ＰＯＰやドラマ、映画にクオリティの高いものがどんどん出てきている。それはファンや視聴者と制作現場のコラボレーションでもあった。アーティストや制作側はファンや視聴者の指摘や欲求に応えてさまざまな実験を繰り返し冒険しながらクオリティを高めてきた。こうした流れは止まることはないだろう。

グローバル市場を席巻したＢＴＳが、アカデミー賞を総なめした映画『パラサイト　半地下の家族』が、世界で爆発的な人気となったドラマ『イカゲーム』が登場したのは偶然ではなかった。

世界で起きていた同じ流れの中で、日本とは何が違ったのかがはっきりと分かる。もちろん、そうした大きなうねりの足下では韓国エンタメ業界の前近代的な影があぶり出されて、大きなスキャンダル事件や痛ましい出来事も起きた。これは韓国エンタメ界につきまとう課題だろう。

本書が出る頃には、韓国の音楽やドラマなどのエンタメ産業であらたに世界のコンテンツ界の構図が変わるようなパラダイムシフトが起こっているかもしれない。デジタル社会に生きるというのはそういうことなのだ。「変化」はなにもエンタメ産業に限らない。韓国に住んでいると社会も文化も常に動いていて、少し前まで通念とされていたことがあっという間に過去の価値観になっていて戸惑うことも少なくない。たとえば、ジェンダー問題などへの接し方はここ数年でがらりと変わっている。

しかし、日本でとらえられる韓国はいつも同じ姿、今でも「日本の背中を追いかける」イメージのままのように思う。変化がゆっくりと起こっている日本にとって、韓国の変化のスピードは想像できないのかもしれない。

韓国のエンタメ産業のみちのりと現在、そしてこれからを知る上で本書が一助になれば幸いである。

最後に、本書を書く機会を作ってくれ根気よく支えてくれた電子書籍編集部の田中貴久さん、そして、毎回、的確な指摘をだし、日本や韓国に限らず、グローバルな社会的な動きにも敏感な文春オンライン編集部のケイヒルエミさんにあらためて深い感謝を申し上げたい。

二〇二一年一二月　ソウルにて

菅野朋子（かんの　ともこ）

1963年生まれ。中央大学卒業。カナダ、韓国に留学。出版社勤務、「週刊文春」記者を経てフリーに。著書に『ソニーはなぜサムスンに抜かれたのか』『好きになってはいけない国。』（共に文藝春秋刊）、『韓国窃盗ビジネスを追え　狙われる日本の「国宝」』（新潮社刊）などがある。ソウル在住。

文春新書

1347

韓国《かんこく》エンタメはなぜ世界《せかい》で成功《せいこう》したのか

2022年1月20日　第1刷発行

著　　者　菅　野　朋　子

発 行 者　大　松　芳　男

発 行 所　株式会社　文　藝　春　秋

〒102-8008　東京都千代田区紀尾井町3-23

電話（03）3265-1211（代表）

印 刷 所　理　想　社

付物印刷　大 日 本 印 刷

製 本 所　大　口　製　本

定価はカバーに表示してあります。

万一、落丁・乱丁の場合は小社製作部宛お送り下さい。

送料小社負担でお取替え致します。

ISBN978-4-16-661347-2